高校大学生心理健康教育教学研究

李冉 著

中国纺织出版社有限公司

内 容 提 要

  大学生心理健康教育不仅可以帮助大学生应对学业和生活的压力，还可以全面提升大学生的心理素质，完善其人格发展，促进其身心健康的和谐统一，为其全面成长奠定坚实基础。因此，本文从相关基础概念和大学生心理健康教育发展现状出发，在说明现存问题的基础上提出改进措施，具体包括课程建设和教学模式两个方面，并在积极心理学和生命教育视角下探讨大学生心理健康教育策略，为大学生心理健康教育的发展贡献积极力量。

  本文整体逻辑清晰、内容完整，可供高校管理者、大学生心理健康教育从业者及相关研究学者学习、使用。

图书在版编目（CIP）数据

高校大学生心理健康教育教学研究 / 李冉著 .
北京：中国纺织出版社有限公司，2025.3． -- ISBN 978-7-5229-2665-0

Ⅰ．G444

中国国家版本馆 CIP 数据核字第 20258FT400 号

责任编辑：李立静 责任校对：王蕙莹 责任印制：储志伟

中国纺织出版社有限公司出版发行
地址：北京市朝阳区百子湾东里 A407 号楼 邮政编码：100124
销售电话：010—67004422 传真：010—87155801
http://www.c-textilep.com
中国纺织出版社天猫旗舰店
官方微博 http://weibo.com/2119887771
河北延风印务有限公司印刷 各地新华书店经销
2025 年 3 月第 1 版第 1 次印刷
开本：710×1000 1/16 印张：7.5
字数：138 千字 定价：99.90 元

凡购本书，如有缺页、倒页、脱页，由本社图书营销中心调换

前　言

作为国家及社会建设核心储备力量的大学生群体，承担着确保祖国与民族未来繁荣发展的重要责任，因此，他们的成长和未来发展备受关注。在当今我国快速发展的背景下，社会各个领域正在经历前所未有的变革，而这一进程中也伴随着各种挑战。例如，学习步伐加快、人才竞争白热化、人际关系错综复杂，以及就业形势严峻等。

在校大学生的年龄普遍为十八九岁至二十二三岁，这是他们人生中知识积累与职业道路选择的黄金时段。在智力和能力蓬勃发展的同时，他们也处于情绪波动最频繁的时期。这种不稳定的情绪状态常常对大学生的学业产生干扰，使他们难以全神贯注于知识技能的学习，从而阻碍他们的全面发展和成才之路。

大学生心理健康教育可以引导大学生深入了解心理健康知识，学习并掌握有效的心理调适方法，从而激发他们的潜能，帮助他们塑造良好的心理素质，并进一步提升其心理健康水平。因此，我们应高度重视大学生心理健康工作的推进，广泛普及心理健康知识，并教授基本的情绪调节技能。这样，大学生不仅能学习和掌握心理健康的相关知识和技能，还能实现助人与自助的目标，这也是大学人文素质教育不可或缺的一环。

本书在编写过程中获得了国内外众多专家、学者宝贵成果的启发与指导，在此表示由衷的感激。鉴于自身的知识和能力有限，书中难免存在不足之处，恳请同行和读者提出宝贵意见与建议，以期在未来的修订中不断完善。

李冉
2025年1月

目　录

第一章　大学生心理健康导论 …… 1
第一节　心理学与心理健康 …… 1
第二节　大学生心理健康的标准 …… 6
第三节　大学生心理发展的特点 …… 9
第四节　大学生心理健康发展的主要影响因素 …… 13
第五节　大学生常见的心理问题与心理异常 …… 15

第二章　大学生心理健康教育发展概述 …… 26
第一节　大学生心理健康教育发展的主要趋势 …… 26
第二节　新媒体环境下的大学生心理健康教育 …… 29
第三节　大学生心理健康教育课程教学现状 …… 33

第三章　大学生心理健康教育课程建设与实践教学研究 …… 40
第一节　大学生心理健康教育课程建设存在问题 …… 40
第二节　大学生心理健康教育课程建设改进措施 …… 42
第三节　大学生心理健康教育实践教学研究 …… 48

第四章　大学生心理健康教育课程建设路径探讨 …… 55
第一节　关于大学生心理健康教育课程建设的几点思考 …… 55
第二节　基于当代大学生心理特点的心理健康教育课程建设 …… 57
第三节　大学生心理健康教育课程有效性评价体系构建 …… 59
第四节　MOOC在大学生心理健康教育课程建设中的运用 …… 64
第五节　基于OBE理念的大学生心理健康教育课程建设 …… 66

第五章　大学生心理健康教育教学模式研究 …………………… 68

　　第一节　教育信息化背景下大学生心理健康教育教学模式探讨 …… 68
　　第二节　大学生心理健康教育互动式教学模式探索 ……………… 70
　　第三节　体验式教学在大学生心理健康教育中的应用 …………… 72
　　第四节　工作坊教学模式在大学生心理健康教育中的应用 ……… 76
　　第五节　基于翻转课堂的大学生心理健康教育精准施教模式探析 … 79

第六章　积极心理学视角下大学生心理健康教育策略 …………… 82

　　第一节　挖掘积极心理学与大学生心理健康教育的结合点 ……… 82
　　第二节　完善与创新大学生心理健康教育模式 …………………… 85
　　第三节　增加大学生的积极情绪体验 ……………………………… 88
　　第四节　加强大学生心理健康教育师资队伍建设 ………………… 90
　　第五节　创建积极的大学校园环境 ………………………………… 91

第七章　生命教育视角下大学生心理健康教育策略 ……………… 94

　　第一节　生命教育视角下大学生心理健康教育反思 ……………… 94
　　第二节　生命教育视角下大学生心理健康教育改进措施 ………… 97
　　第三节　生命教育视角下大学生心理健康教育其他实践路径 …… 104

参考文献 …………………………………………………………… 111

第一章　大学生心理健康导论

第一节　心理学与心理健康

一、什么是心理学

心理学是一门深邃而又充满挑战的学科，它致力于探索人类心灵深处的奥秘，揭示人类行为背后的动机和原因。心理学是一门广泛的学科，它涵盖了感觉、知觉、记忆、思维、想象、情绪、能力以及人格特质等众多领域。心理学作为一门科学，它的研究方法与众不同。它不仅依赖直观的观察和描述，更注重通过实验研究、数据分析和科学方法来揭示心理现象背后的变化规律。这种研究方法使心理学具有严谨的科学性和客观性，为我们理解人类心灵提供了有力的支持。

在心理学研究中，个体心理是其重要研究领域。研究者们试图通过深入探究个体的心理过程，来揭示其行为和思考的动机。这个过程充满了复杂性和多样性，需要研究者们运用敏锐的洞察力和严谨的科学方法，才能破译其中的奥秘。此外，社会心理也是心理学研究的重要领域。社会心理学家关注的是个体在社会环境中的行为和心理变化，以及社会交往中的心理机制。他们通过研究人际关系、群体行为、偏见和歧视等社会现象来揭示社会环境对个体心理的影响。

心情，作为心理学研究的一个重要对象，是指个体在特定情境下的情绪和情感状态。它既包括喜悦、愉快等积极情绪，又包括悲伤、焦虑等消极情绪。心情的产生和变化受多种因素影响，如生理、心理、社会等。研究者们对心情进行研究，旨在揭示其对个体心理和行为的影响，以及应对心情变化的有效方法。在现实生活中，心情的调控尤为重要。健康的心情有助于个体保持良好的心理状态，提高生活质量；反之，不良的心情则会导致心理和生理健康问题，甚至影响个体的社会功能。因此，学会调控心情，培养良好的心理素质，对于个体的健康成长和社会和谐发展具有重要意义。

二、心理学的研究方向

在丰富多彩的生活、紧张有序的学习以及忙碌的工作中，人们的心理活动从未停歇，这种无时无刻的内心活动使心理学在任何有人类存在的场合都能展现其独特价值。随着学科的不断发展和深化，心理学的分支已经衍生出上百个，其中不乏一些影响深远且备受关注的研究方向，以下将重点介绍其中几个。

（一）发展心理学

发展心理学关注儿童在不同年龄段的心理发展特征。在早期儿童阶段，婴儿经历着认知、情感和社会能力的迅速发展，逐渐掌握语言、运动和情感表达等基本技能。随着年龄的增长，儿童进入幼儿期和学龄期，他们的认知能力逐渐提高，形成自我认知和社会认知的能力，开始建立自己的人格特征和社会角色。了解这些发展特征有助于家长和教育者更好地了解孩子的需求，制订相应的教育和培养计划。

环境、遗传、家庭教育、社会互动等因素都会对个体心理发展产生重要影响。通过研究这些影响因素，我们可以更好地理解个体的心理发展轨迹，为制定干预和支持策略提供科学依据。例如，良好的家庭环境和教育方式对儿童心理健康和人格发展至关重要，因此，了解家庭教育的影响机制可以为家庭教育提供指导。

在个体生命周期中，存在一些特定的阶段和时期，在这些时期里，个体的心理发展会经历显著的变化和转变。例如，青春期是个体身心发展的关键时期，青少年经历身体、认知和情感等方面的重大变化，面临身份认同、自我探索和社会适应等方面的挑战。了解这些转折点和关键期的特点和规律，有助于我们更好地应对个体在这些阶段面临的问题和困扰，为他们提供必要的支持和指导。

（二）社会心理学

社会心理学，作为心理学的一个重要分支，以独特的视角和研究方法深入探索个体和群体在社会环境中的心理活动和行为规律。社会心理学的研究范围广泛，既包括社会认知、社会情感，也包括社会行为和社会互动。它不仅关注个体在社会环境中的心理过程，也关注社会环境对个体心理的影响。在社会生活中，我们常常会遇到各种各样的问题和困惑，如人际关系的处理，自我认知和他人认知的差异等。社会心理学通过研究社会认知和社会心理过程，提供理解和解释这些问题的框架和方法。例如，它可以帮助我们理解人际关系中的相互作用，理解个体在社会中的角色和地位，以及如何有效地与他人沟通和互动。

无论对于自我还是他人，人际关系都是我们社会生活中重要的一部分。社会心理学的研究表明，了解和掌握人际交往的规律，可以有效地改善人际关系，提高生活质量。例如，通过学习社会心理学，我们可以了解他人的需求和期望，从而更好地满足他们，建立和维护良好的人际关系。社会心理学帮助我们理解和改变他人的态度，在社会生活中，我们会遇到形形色色的人，他们会有各种各样的问题和态度。社会心理学的研究表明，通过了解和理解他人的态度的形成和改变规律，我们可以有效地帮助他们改变不良的态度，提高他们的生活质量。

在社会环境中，我们会不断地对他人和自己进行认知、评价。社会心理学的研究表明，通过了解、掌握自我认知和他人认知的规律，我们可以更好地理解自己和他人的需求与期望，从而提高自我认知和他人认知的准确性。在社会心理学的研究中，归因、动机和态度改变是重要的研究领域。社会心理学认为，这些心理过程影响个体的社会行为和社会互动。通过深入研究这些过程，我们可以更好地理解它们的影响因素，从而优化生活和工作环境。

（三）教育心理学

教育心理学是研究教育和学习过程中的心理现象及其动态变化的学科，可以深入了解学生在教育环境下的心理活动和行为规律，以及教师如何有效地引导学生学习、促进其智力和个性发展的科学原理。这一领域的研究涉及教学方法、学习策略、学习动机、情感态度、记忆与注意力等多个方面，为教育实践提供了重要的理论支持和指导。

学生在学习过程中面临各种认知、情感和行为上的挑战，教育心理学通过研究学生的学习策略、思维方式、情感态度等方面的变化，揭示了学生在不同阶段的学习特点和规律。这有助于教师更好地理解学生的学习需求和困难，有针对性地设计教学活动和教学方法，提高教学效果。教育心理学探讨教学方法和教学策略对学生学习的影响。通过研究不同的教学方法和教学策略，教育心理学可以发现哪种教学方式更符合学生的学习特点和需求，以及如何设计有效的教学活动和教学资源，激发学生的学习兴趣，提高学习效果。这为教师提供了指导，帮助他们更好地选择和运用教学方法，优化教学过程。

学生的学习动机和情感态度对其学习行为和学习成效产生重要影响。教育心理学通过研究学生的学习动机来源、情感态度形成过程等方面，帮助教师更好地了解学生的学习动机和情感需求，设计激发学生学习兴趣和积极情感的教学活动，提高学生的学习动力和学习成效。

通过研究教师的教学行为和教学策略对学生学习的影响，教育心理学可以帮助教师更好地了解自己的教学特点和优势，发挥教师在教学过程中的积极作用，提高教学效果。同时，教育心理学也可以帮助教师发现教学中存在的问题和困难，指导教师进行教学改进和提高，推动教育教学的不断发展和创新。

（四）犯罪心理学

犯罪心理学致力于深入探究犯罪心理的形成、发展过程以及相关规律。犯罪心理学试图通过心理学的视角解析犯罪行为背后的心理机制，揭示犯罪的心理成因和演变过程，从而为公安工作提供科学的支持和方法，以便更有效地揭露、惩戒、预防和矫治犯罪行为。

犯罪心理学关注犯罪行为背后的心理因素，研究个体的心理特征、心理过程以及心理动机，以揭示犯罪行为的内在原因。通过分析犯罪者的心理状态和行为特征，犯罪心理学可以帮助人们更好地理解犯罪行为的动机和意图，为公安机关提供犯罪侦查和案件分析方面的参考依据。犯罪心理学探讨犯罪心理的形成和演变过程，关注社会环境、家庭背景、心理经历等方面对个体的影响，分析这些因素如何影响个体的价值观、行为模式和社会适应能力，从而推动其走上犯罪的道路。通过深入研究犯罪心理的形成和演变，犯罪心理学可以为预防和干预犯罪行为提供理论支持和实践指导。

（五）积极心理学

积极心理学的核心理念是关注个体的优点、成长和幸福，以及促进个体潜能的最大化。与传统心理学关注疾病、问题和异常相比，积极心理学更加关注人类的优点、能力和幸福感，并尝试通过科学的方法来理解和培养这些积极心理特质。积极心理学强调个体的幸福感和生活满意度，研究幸福感的本质，探讨什么是幸福，以及个体如何获得和维持幸福感。通过对幸福感的科学研究，积极心理学提出了一系列促进个体幸福感的方法和策略，如积极情感调节、积极生活态度、积极社交关系等。

积极心理学倡导采用积极的心理视角，强调人类拥有自我实现的内在动机和潜力，鼓励个体从积极的角度看待自己和他人，培养健康的心理态度和生活方式。通过培养积极心态，个体能够更好地应对挑战和压力，提高生活质量和幸福感。

三、什么是心理健康

第三届国际心理卫生大会对心理健康的界定如下：心理健康意味着个体在身体、智能和情感层面均与他人心理健康相协调的前提下，力求达到个人心境的最优状态。

心理健康的具体表现为：身体健康，智力与情绪相互协调，呈现和谐状态；能够灵活适应环境，拥有和谐的人际关系；体验并表达幸福感；在生活和工作中，能够有效发挥自身能力，展现高效率。

中国科学院心理研究所郭念锋教授对于心理健康的见解独到而深刻。他认为，心理健康体现为人的知、情、意等心理活动的内在关系达到和谐一致，心理的内容与现实世界保持同步，能够推动人体内部环境和外部环境维持平衡，进而帮助个体顺利融入社会环境。这样的心理状态不仅有助于个体建立健全的人格，还能显著提高其生活质量，让人保持充沛的精力和愉悦的心情。

心理健康实际上是一个复杂且多维度的概念，缺乏普适的统一定义。其评价受到社会、文化、信仰、种族等多重因素的影响。

综合前人的智慧，我们可以从两个层面来理解心理健康：广义上，它指的是一种持续且高效的心理状态，能够给人带来内心的满足感和幸福感；狭义上，心理健康侧重于个体基本心理活动的完整性和协调性，包括认知、情感、意志、行为和人格的和谐统一，以及与社会环境的同步和适应。

四、心理健康的标准

美国心理学家马斯洛和迈特尔曼提出的衡量心理健康的十大标准，为我们提供了一个全面的评估框架：

（1）安全感：个体应拥有充分的安全感，不感到外部危险对自身构成的威胁。

（2）自我认知：个体需要深入了解自己，并对自己的能力有恰当的评估，这通常被称为"自知之明"。

（3）生活目标：生活目标和理想应与实际情况相符，避免过高或缺乏明确的目标。

（4）现实接触：与现实环境保持接触，知行合一，避免空想或自我封闭。

（5）个性和谐：保持个性的完整与和谐，接纳自我，并具备良好的个人修养。

（6）学习能力：从经验中学习的能力至关重要，避免固执己见或我行我素。

（7）人际关系：建立并保持良好的人际关系，避免孤独或过度依赖。

（8）情绪管理：情绪应有适度的发泄与控制，避免过度冲动或过度压抑。

（9）个性表达：在符合集体意志的前提下，有限度地发挥个性，避免盲从或随波逐流。

（10）需求满足：在不违背社会道德规范的前提下，适当满足个人基本需求，实现集体与个人的和谐共处。

王登峰和张伯源界定的心理健康准则包括：

（1）自我认识深刻，秉持积极自我接纳态度。

（2）对他人持开放态度，擅长建立良好的人际关系。

（3）面对现实挑战，保持正面接受和应对姿态。

（4）热爱生命，乐于投入并享受工作。
（5）具备情绪管理能力，维持积极稳定的心境。
（6）人格结构完整，内部和谐统一。
（7）智力表现正常，适应环境需求。
（8）心理行为表现与年龄阶段相符。

第二节 大学生心理健康的标准

一、大学生心理健康标准

大学生群体要实现健康、愉悦的生活，必须同时注重身体健康与心理健康，二者相辅相成，缺一不可。其中，心理健康犹如健康的基石，不仅指没有心理疾病的困扰，更涵盖了积极的心态、良好的适应性以及充分发展身心潜能的丰富状态。只有当心理状态达到健康水平时，大学生方能自我掌控、适应环境变迁、保持积极进取的态度，不断自我提升，并满怀信心地面对未来，从而展现出生命的无限价值和勃勃生机。简言之，心理健康是大学生高效、满意地面对生活的积极心理态势。

大学生的年龄区间通常为18～25岁，从心理学的视角审视，这一时段正对应着青年中期的生命阶段。他们自然呈现出青年中期群体的诸多心理特质，然而，作为一个独特的群体，大学生与社会上的青年群体又存在显著差异。

心理健康的评估通常依赖量表测量，但值得注意的是，这些标准并非一成不变，而是随着时代和文化背景的变迁而不断调整。

针对大学生群体，樊富珉提出了七条心理健康的衡量标准：
（1）维持对学习的持续热情与强烈求知欲。
（2）保持准确的自我认知，并接纳真实的自我。
（3）有效调控情绪，维持积极稳定的心境。
（4）构建和谐的人际关系，乐于与人交流。
（5）维护人格的独立、完整与统一。
（6）具备良好的环境适应能力。
（7）其心理与行为模式符合年龄阶段的特征。

基于大学生心理成长的独特性和其特定的社会角色期待，我们可以将大学生心理健康的标准提炼为以下关键维度。

1. 智力卓越

智力卓越是大学生在学习、生活及工作中不可或缺的心理基石，也是他们适应周遭环境变迁的重要心理保障。在评估时，重点在于其是否充分、正常地发挥了个人的自我效能，这体现在强烈的求知欲、对学习的热爱以及积极参与各类学习活动的态度上。

2. 情绪稳定与愉悦

情绪稳定与愉悦是衡量情绪健康的重要标志。这包括积极情绪占据主导地位，乐观向上、充满活力，对生活充满希望和期待；情绪能够保持稳定，善于自我调控与疏导，既能克制又能合理表达；情绪反应与所处环境相协调。尽管大学生会经历悲伤、忧虑、哀愁等消极情绪，但他们应当能够主动调整，在表达和控制情绪时保持适度，做到喜不狂、忧不绝、胜不骄、败不馁。

3. 坚定的意志

意志是人在追求目标时所展现的选择、决断与行动力的集合。一个拥有坚定意志的大学生，在自觉性、果断性、坚韧性和自我控制等方面都表现得尤为出色。他们在面对各种问题时都能保持清醒的头脑，果断地作出决策，并采用高效的方法来解决问题。即便在困难和挫折面前，他们也能以合理的态度应对，保持行动中的情绪稳定，避免盲目和畏惧。

4. 均衡的人格

人格是个体心理特征的稳定总和。一个拥有均衡人格的大学生，其气质、能力、性格，以及理想、信念、人生观等各方面都得到了平衡发展。他们的思考、行动和言语都保持高度的协调性，拥有积极向上的人生观，并以此为核心，将个人的需求、愿望、目标和行为融为一体。

5. 准确的自我认知

准确的自我认知是大学生心理健康的基石。他们懂得自我观察、自我定义、自我评判和自我审视，拥有自知之明。他们对自己的认识恰如其分，能够正确地定位自己，既不因在某方面优于他人而自满，也不因在某方面不如他人而自卑。他们懂得自我接纳，自尊、自强、自制、自爱适中，能够正视现实，保持积极进取的态度。

6. 和谐的人际关系

人际关系的质量是心理健康的一面镜子。一个心理健康的大学生，往往擅长与他人建立和谐的人际关系，这是他们事业成功和生活幸福的重要基石。他们乐于交往，能以尊重、信任、友爱、宽容和理解的态度与人相处；他们懂得分享、接受和给予爱与友谊，与集体保持融洽的关系；他们善于与人合作，乐于助人，共同实现目标。

7. 正常的社会适应

正常的社会适应指的是个体与周围环境保持和谐共生的能力。心理健康的大学生在面对环境变化时，能够坦然面对现实，对环境作出客观全面的评价和认识，使自己的行为与新的环境要求相契合。他们能以有效的策略应对环境中的各种挑战，不退缩，不逃避，同时适时调整自己的需求和愿望，确保自己的思想、行为与社会期望保持一致。

8.心理行为符合大学生年龄特征

大学生作为特定年龄段的群体，其心理健康状态应当通过他们的认识、情感、言谈举止来体现。一个心理健康的大学生，应该精力充沛，充满好奇心，思维敏捷，勇于探索。过于成熟、过于幼稚或过度依赖都是心理不健康的表现。

二、正确理解大学生心理健康的标准

在21世纪这个知识经济时代，国力的较量实则聚焦于知识产业，归根结底是知识与人才的竞争。这要求我们在成才之路上不断自我提升。未来学家约翰·奈斯比特指出，成功的关键在于技术与情感的平衡。因此，新时期的人才培养应着重培养心理素质和精神健康兼备的大学生。

根据研究显示，当代大学生的主流生活态度积极正面。他们目标明确，学习动力十足，对未来充满期待，清楚自己的人生追求和奋斗方向。面对挫折时，他们能以积极的态度应对，展现出良好的心理素质。然而，也有部分大学生尚未形成清晰的人生观，偶尔为琐事所困，情绪起伏，但经过调整后能迅速回归积极状态。此外，还有少数大学生持消极的生活态度，他们自信心不足，依赖性较强，对社会和他人持怀疑态度，但内心仍渴望建立正确的价值观和保持心理健康。

在深入把握大学生心理健康的标杆时，我们应当铭记以下四点。

（一）心理健康并非意味着完全无扰，而是一种相对状态

大学生的心理健康并非一个非黑即白的问题。许多大学生的心理状态总体上是健康的，但偶尔也会遭遇些许情绪波折或内心困惑，正如多数人的身体健康，但偶尔也会遭遇小病小痛。因此，我们要认识到，大学生心理健康是一个动态平衡的过程。在人生的旅途中，大多数大学生都会遭遇心理问题，这是成长过程中的常态，无须过分惊慌。关键在于如何积极应对，充分发挥个人潜能，妥善处理人际关系以及适应社会环境，维持一种积极向上的心理状态。

（二）心理健康的核心在于全面和谐

在界定心理健康的基准时，我们应聚焦于心理活动本身，并深入探究其内外关系的和谐统一。从心理过程的维度审视，心理健康者展现出一个完整、和谐的

心理系统，这种整体性确保了他们在理解和应对客观世界时的高度一致性和高效率。实际上，认知是心理健康大厦的基石，意志行为则是其顶端的壮丽景观，而情感则是联结这二者的纽带。从心理结构的多个层面观察，一旦这些层面无法和谐地协同工作，就会导致一系列的心理困扰和挑战。从个性的视角看，每个人均拥有自己长期塑造的稳固个性心理，这种个性在缺乏显著外界冲击的情况下，通常能够保持稳定。此外，从个体与群体的联系出发，每个人都在现实层面归属于不同的社会群体，而不同群体间的心理健康标准亦有所差异。

（三）心理健康展现为持续成长的过程

人的心理状态是持续演进的，不能仅凭一时的行为或情绪反应下定论。偶发的心理波动或行为异常，并不等同于整体心理健康的缺失。同样，心理健康的挑战者也并非在所有心理层面都显得不健康。实际上，心理健康的水平是可以逐步培养和提升的。按照某一标准，一个人目前可能已达到心理健康的状态，但这并不意味着他的心理成长就此止步。相反，每个人都可以在自己当前的基础上，通过不同程度的努力，追求心理发展的更高境界，不断发挥自身的潜能。大学生的心理符合心理健康的基本标准，仅意味着他们当前能够有效地应对学习和生活。然而，这远非终点。心理健康教育的宗旨应超越此限，致力于优化他们的心理品质，助力他们既满足个人的基本需求，又更好地融入社会，实现个人潜能的充分发掘和个性的完美展现。

（四）心理健康构筑积极的人生视角

心理健康是一种积极、正面的心理状态，即"自我认同愉悦，亦获他人认可"。在这种状态下，个体怀揣着对生活的积极态度，对自己和未来满怀信心，同样地，他们也给周围人留下了正面积极的印象。然而，"自我陶醉而他人不以为意"，这种状态被视作自恋；"自我贬低而他人却持欣赏之态"，这则表现为自卑。因此，心理健康的人倾向于以一种积极、开放、现实且辩证的视角来面对人生，他们能够以这种态度来指引自己前行的道路。

第三节 大学生心理发展的特点

大学生处于青年中期，生理已趋成熟，但心理尚未健全。从中学到大学，生活环境的巨变，理想与现实之间的落差，社会的全面改革，均影响他们的心理发展。下面将从一般性和年级心理特点两方面展开阐述。

一、大学生的一般性心理特点

（一）智力发展到最佳水平，心理发展中多种矛盾并存

智力，作为人的核心认知能力，涵盖了观察力、记忆力、想象力、思维力和注意力等多个维度。青年时期，智力如同盛放的鲜花，逐渐进入其最灿烂的绽放阶段。智力测验数据显示，个体的智力得分随年龄增长而稳步上升，直至20岁后才趋于稳定。大学生群体，正处于18～25岁的黄金岁月，他们的智力发展正值巅峰。他们的观察力敏锐，远超中老年人，而其准确性又远胜于少年。在记忆方面，他们的识记能力大幅提高，逻辑记忆更是达到巅峰。在想象力方面，他们的想象不仅合理且充满创造性，克服了过往虚幻之弊，使想象更具实用价值。特别值得一提的是，大学生的抽象思维能力尤为突出，这是他们智力发展的显著标志。他们思维活跃，独立性、合理性、灵活性和批判性均显著提升。他们开始以批判的眼光审视问题，追求根源，勇于质疑，展现出对传统和习俗的深刻反思与批判精神。同时，他们的创造性思维能力飞速进步，对新鲜事物充满好奇与热情。

由于大学生的人生经验尚浅，社会阅历有限，他们在看待问题时常常受到个人情感的强烈影响，容易表现出过度的自信，偏好于深挖细节却忽略了全面思考，这导致他们时常表现出偏激和固执己见的态度。当面对复杂的社会问题时，他们可能会将问题简化，陷入主观臆断和片面理解的误区，甚至对那些与主流文化相悖的社会思潮和时髦学派盲目地认同或崇拜。同时，对于正面的宣传和教育，他们也可能因缺乏深入思考而盲目否定或拒绝接受。当大学生面对大学生活中的新环境、新学业和新竞争所带来的压力时，他们的内心会产生多种矛盾：理想的美好与现实的残酷，渴望交往与内心的封闭，进取的决心与安于现状的惰性，独立的追求与依赖的习惯，情感的冲动与理智的约束，以及知识与行动的不协调等。这些矛盾对于初入社会的大学生而言，常常使他们左右为难，难以抉择。

（二）成长意识增强，情感丰富但情绪波动大

从中学步入大学，大学生如同破茧的蝴蝶，离开了父母无微不至的关怀和中学教师严格的管教，开始独立翱翔于生活的新天地。此时，他们内心对自由和独立的向往如烈火般燃烧，随着年龄的增长和身体的成熟，他们越发感受到自己的成人身份和独立地位，这种感受在行为和思想上表现为强烈的自主性和独立性。他们渴望参与成年人的社会活动，希望被社会视为平等的成年人，享有与成年人同等的权利和地位，从而建立新型的平等关系。在这种转变过程中，父母的关心可能被视为不必要的唠叨，教师的教育和指导也可能被视为夸大其词，这导致部分大学生产生了逆反心理，甚至产生了抵触和反抗情绪。处于青年期的大学生，他们的自尊心日益增强，不仅希望得到他人的尊重，更渴望被他人理解。这种心理使他们有时倾向于疏远与自己年龄相差较大的人，更愿意与同龄人交往。

此外，大学生正处于人生中感情最丰富的时期。他们年轻而有活力，感情世界丰富而复杂，情绪体验来得迅猛而强烈，喜怒哀乐都表现得淋漓尽致。他们的情感如同"暴风骤雨"，具有双重性：一方面，这种激情可以激发他们为真理而奋斗的热忱，甚至引发见义勇为的正义之举；另一方面，过度的感情冲动也可能导致他们盲目狂热，不顾一切地行事，甚至可能因失去理智而铸成大错。

（三）心理需求复杂，个性与归属同在

大学生正处于生理和心理飞速发展阶段，这一时期的心理需求错综复杂。他们既追求基本的生活需求，如吃、穿、住、用、行等，又有强烈的交往和成就等精神层面的渴望。由于他们的世界观和性格尚未完全成熟，他们的需求结构也处于不断变化之中，多种需求动机在自觉与盲目、高尚与卑劣、正当与不正当、合理与不合理之间摇摆。因此，他们对自身需求的控制力尚显薄弱，对于满足需求的行为方式选择也往往不够恰当。

作为充满朝气的年轻人，大学生渴望展现独特的个性，他们希望成为具有鲜明风格的人，并倾向于选择具有独特风格的产品。然而，这种独特性是群体性的独特，因为他们作为日常全方位、立体性相互接触的群体，往往展现出高度的同质性。作为群体中的个体，他们既希望也主动与群体保持一致，并通过这种一致性获得群体的认同。然而，他们的活动空间相对有限，选择相对简单，兴趣爱好也相对集中。大学校园的高墙、集体生活以及现代的网络和手机等工具，使任何微小的变化都可能在大学生群体中迅速引起共鸣，形成一股强大的力量，这股力量有时甚至能够冲破校园的界限，产生广泛的社会影响。

（四）性意识觉醒，但处理相关问题的能力欠缺

随着性生理的成熟和性心理的发展，大学生的性意识逐渐觉醒，情感需求日益增强。他们开始更加关注自我形象，对异性产生浓厚的兴趣，并渴望与异性建立深厚的情感联系，追求爱情的甜蜜。然而，这种性心理往往带有本能性和朦胧性，缺乏深刻的社会内涵，更多的是基于生理变化的自然反应。由于大学生在处理与性相关问题时往往经验不足，他们会面临一系列挑战。例如，社会道德标准会对他们的性冲动产生一定的压抑，导致他们内心产生强烈的矛盾与挣扎。部分大学生由于缺乏科学的性知识，会对自己的性生理和性心理产生困惑和疑虑。有些学生在与异性交往时，由于缺乏必要的沟通技巧和分寸感，会过于压抑自己的

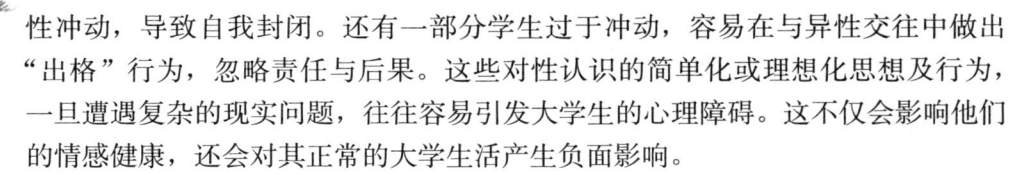

性冲动，导致自我封闭。还有一部分学生过于冲动，容易在与异性交往中做出"出格"行为，忽略责任与后果。这些对性认识的简单化或理想化思想及行为，一旦遭遇复杂的现实问题，往往容易引发大学生的心理障碍。这不仅会影响他们的情感健康，还会对其正常的大学生活产生负面影响。

二、大学生的年级心理特点

大学生心理各具特色，因学段而异。心理健康教育需深究其发展过程与层次。共性心理问题虽贯穿始终，但各年级心理问题的差异性不容忽视。

（一）大学一年级——适应准备阶段

大学新生初入校园，生理渐熟，个性鲜明，热衷新鲜事物，但仍感人生迷茫，渴望友情与爱情。他们需适应新环境，寻求心理平衡。此阶段，新生普遍面临学习、生活及人际关系的适应挑战，是其心理适应准备阶段。自我意识上，他们自信独立，关心未来，有自我评价能力。然而部分新生尚处休整期，新目标未立，理想与现实存在矛盾，导致自我认知、接纳与控制不足。

在心理层面，新生易显独立性、优势及情感缺失。在学习上，大学与中学迥异，课程多样、教室流动，需强化自主性。新生反应呈现两极化：一者积极进取，努力提升；另一者自律未建，迷茫空虚，学习动力不足，沉迷游戏网络。在人际交往中，为融入大学生活，常表现出实用性和一定的盲目性，交往范围多限于高年级学生、同乡及同学。

总体而言，大学新生虽面临诸多不适应，但多数能积极乐观地迎接新生活。大一既是自豪与自卑、理想与现实、独立与依赖交织的一年，又是新鲜感与怀旧、轻松与被动并存的阶段。教师若能引导新生积极适应大学生活，应对学习变化，掌握人际交往技巧，培养创新意识，并学会认识、接纳与控制自我，将为他们树立正确的三观提供坚实支撑，为其未来的学业与人生奠定良好基础。

（二）大学二年级——碰撞发展阶段

进入大学二年级，大学生已初步克服了初入大学的不适应，建立了新的心理结构，对大学的学习、生活及管理模式有了稳定的适应。随着心理和生理的成熟，他们的世界观、人生观逐渐稳定，大学生活进入了相对稳定但充满碰撞的发展阶段。在自我意识上，他们的自尊心、自信心和独立性更强烈，渴望成为命运的主宰。然而，他们的自我教育能力尚未成熟，往往只关注自身优点，忽略自身缺点，遇到挫折时易产生焦虑。在学习方面，大学生开始关注就业，但常感迷茫，陷入学习与考证的压力中。一些学生难以平衡学习与学生工作，导致学习效率下降、学习疲惫和考试焦虑。在情感上，他们情感丰富、体验强烈，渴望被爱，但心理尚未完全成熟稳定，容易陷入情感困惑和冲突。在人际关系上，他们已较为独立地生活和学习，交往能力提高，但个体间差异可能导致人际关系不和谐，班级、宿舍间的矛盾和问题逐渐显现。

（三）大学三年级——情感发展冲突阶段

大学三年级的学生独立生活和处理问题的能力有了显著提升，但心理发展仍不完全成熟稳定，特别是情感方面处于冲突阶段。根据张进辅、徐小燕的观点，大学三年级可能存在情绪智力的低潮期。一方面，理想与现实的落差让他们感到困惑和迷茫，引发消极情绪；另一方面，恋爱情感带来了心理冲突。盲目追求恋爱而忽视后果，成为许多大学生的选择，但这种方式既不明智也缺乏理智。研究发现，大约35%的大学生存在情感困惑，其中恋爱失败导致的心理变异尤为突出，甚至导致极端行为。因此，这一阶段的关键在于帮助学生提升交往技巧，让他们学会运用心理学知识和技能来发展情商和智商，从而构建更加美好的大学生活。

（四）大学四年级——身份逐步确立阶段

大学四年级，作为大学生活的最后阶段，是从学生生活到职业生活的关键过渡期。面对考研、就业等选择，大学生的内心再次掀起波澜。然而，经过四年的塑造、教育和文化熏陶，他们已具备较强的自主感，思想更加成熟，阅历更为丰富。此时，他们就业目标明确，热情高涨，毕业选择趋于理性，个人身份也逐步确立。然而，随着选择增多和压力加大，大学生在这一阶段的精神状态往往较为紧张，过高的期望值和不安定的情绪成为主要的心理特征。因此，教师需积极引导他们做好步入社会的心理准备，深入了解社会，明确自己在其中的位置。

大学生心理发展的过程是一个逐步成熟但尚未达到完全成熟的状态。其中既有积极面，又存在消极面。只有解决这些心理矛盾和冲突，大学生的心理才能进一步走向成熟。

第四节 大学生心理健康发展的主要影响因素

当前，多数大学生心理健康，但仍有不少学生状况堪忧。一项涵盖12.6万大学生的调查显示，20.3%的大学生存在明显的心理障碍。心理健康是一个复杂过程，受个体及外界环境等多重因素影响。

一、个体因素

大学生正处于人生发展的黄金时期，认知和情感已有显著进步，世界观和人生观正逐渐成形。然而，由于尚未深入社会实践，他们在处理人际关系时心理尚不成熟。尽管已具备高水平的抽象逻辑思维，能深入分析复杂命题，但对社会的认知尚存片面性，思维易极端化，缺乏系统性和深刻性。这种不成熟导致理想与现实、理论与实践之间易产生矛盾冲突，进而引发自我认知危机和心理失衡。在学业和就业压力下，部分大学生感到压抑和迷茫，为心理问题埋下隐患。面对现实，有些大学生能积极调整心态，重新设定目标；而有些大学生则选择逃避，产生消极情绪，甚至沉迷于玩乐和网络，以逃避现实，更有甚者产生自杀倾向等心理问题。

二、环境因素

（一）环境变迁

对于大学新生而言，环境变迁是一项显著的挑战。心理学研究揭示，环境的巨大变动会触发个体的心理应激反应。独立生活的开始，要求新生自行处理日常琐事，例如，寝室生活中不同习惯、作息的协调，以及可能存在的语言隔阂，都需要时间去适应。尤其是远离家乡和亲人的新生，这种适应过程需要更长时间。然而，更复杂的是新的人际关系和社会关系的建立。大学是一个全新的社交圈，新生需要结识新的朋友，并在此过程中建立和谐的人际关系。面对来自不同地域、拥有不同背景和特点的同学，如何有效沟通、协调差异，形成友好互动，是一大难题。此外，生活中的重要丧失事件也对大学生的心理健康产生负面影响。这些丧失可能涉及与家人、朋友，特别是恋人之间的关系问题，这种情感上的冲击对大学生的心理稳定构成威胁。同时，荣誉的丧失，如未能获得奖学金、助学金、评奖评优资格，或受到违纪处分等，也会在一定程度上损害大学生的心理健康，甚至导致心理障碍的出现。

（二）社会发展

随着信息化社会的迅猛发展，以及改革开放的不断深入，科技引领的社会环境巨变正深刻改变人们的生活方式和价值观念。社会变化越快，大学生们感受到的不适应、不确定感、不安全感和无力感就越强烈，心理问题也随之日益凸显。高等教育扩招后，我国进入高等教育大众化阶段，大学生的生存、竞争和就业压力不断攀升，导致部分学生难以适应这种高压环境。同时，中西文化的交融和多种价值观的冲突，使大学生在价值观念上感到疑虑、茫然和困惑。此外，网络已成为大学生生活不可或缺的一部分，但大众传媒中的消极信息也对大学生的身心健康产生了负面影响，成为他们健康成长道路上的障碍。

（三）家庭因素

心理学研究表明，大学生的心理问题往往与早期成长经历密切相关，特别是原生家庭的影响。因此，解决大学生心理问题离不开家庭的配合与参与。家庭因素是影响青年学生心理健康的关键因素。首先，父母的教养方式对子女的心理行为发育和健康产生深远影响。关怀、体贴、开明而非专制或娇宠的教养方式更有助于学生的心理健康。其次，家庭结构的变化会对大学生心理产生显著影响。单亲家庭或重组家庭的学生更容易出现孤僻、自卑等心理特点。再次，家庭氛围的和谐与否对大学生心理健康同样重要。和谐的家庭氛围能够让学生身心愉悦，减轻心理压力；反之，则可能对学生心理造成不同程度的伤害。最后，家庭经济状况也是影响大学生心理健康的重要因素。研究发现，家庭经济状况较差的学生心理健康水平普遍较低，他们往往承受更大的经济和心理压力，容易产生敏感、自卑、抑郁等问题。

（四）学校因素

中学时代的应试教育体制如同一副无形的枷锁，长期束缚学生的身心成长，使许多心理问题悄然生根，并延续至大学阶段，导致他们的心理素质难以达到理想的成熟水平。面对大学的新环境，大学生不仅要面对尚未解决的中学时代的心理压力和问题，还需额外应对一系列新的挑战，如专业选择的迷茫、新环境的适应障碍、沉重的学业负担，以及单调乏味的课外生活。这些叠加的压力使部分大学生在追求理想与应对现实之间显得力不从心，心理承受能力面临前所未有的考验。更为严峻的是，当前高校在心理健康教育师资方面的短缺，进一步加剧了大学生心理健康问题的复杂性。

第五节　大学生常见的心理问题与心理异常

一、相关概念及其区别与联系

心理正常指的是个体在心理功能、心理过程和心理状态上的健康状态。心理问题是指个体在心理方面遇到的困扰和障碍，属于心理正常的范畴，是心理正常中不健康的表现。心理问题可能表现为焦虑、抑郁、强迫、恐惧等情绪问题，也可能表现为学习困难、人际关系问题、自我认知问题等。心理问题又分为一般心理问题、严重心理问题和神经症性心理问题，严重程度和表现形式因人而异。有些问题可能只是暂时的、轻微的，而有些问题则长期存在，严重影响个体的生活质量和心理健康。

与心理正常相对的心理异常则是指个体在心理功能、心理过程和心理状态上的异常表现。这种异常表现为认知障碍、情感障碍、意志障碍、行为障碍以及人格障碍等方面。心理异常的个体在心理活动的特定方面或整体层面上表现出与常人不同的、异常的状态，这些异常涉及情绪、思维、行为等多个方面。这种状态会让他们在日常生活、学习和工作中遭遇诸多困难，严重时甚至会对他们的社会功能和整体生活质量造成显著影响，使个体难以适应和融入正常的社会环境。心理异常的原因是多种多样的，包括遗传因素、生物因素、社会环境因素等。

心理正常与心理异常两者在心理功能、心理过程和心理状态上存在明显差异。心理正常的个体能够保持健康的心理状态，而心理异常的个体则表现出异常的心理特征和行为。

心理问题虽然会给个体带来困扰和障碍，但并不意味着个体处于心理异常的状态。心理问题是普遍存在的，每个人在生活中都可能遇到不同程度的心理问题，但只要妥善处理，大多数人能够保持心理正常。

心理正常、心理异常与心理问题之间并非完全独立。在某些情况下，心理问题会逐渐发展为心理异常，而心理异常也会在某些方面表现出心理问题的特征。心理正常、心理异常与心理问题的联系也体现在它们的预防和干预上。通过提高个体的心理健康意识，加强心理健康教育，可以有效地预防心理问题的发生和发展。同时，对于已经出现的心理问题或心理异常，及时干预和治疗也是非常重要的。

二、心理问题与心理异常的鉴别标准

在日常生活中，人们会遇到各种各样的心理困扰和挑战，有时候，这些问题只是暂时的、可解决的，而有时候则表现为严重的心理异常。了解如何区分心理问题与心理异常，对于个人和专业心理从业者来说都是至关重要的。以下将探讨心理问题与心理异常的鉴别标准。

首先，需要考虑心理问题和心理异常的持续时间和强度。心理问题通常是暂时性的、较为轻微的，可能是学习压力、情绪波动或特定事件引起的。这些问题会影响个人的情绪状态和日常功能，但通常不会持续很长时间，也不会对生活造成严重影响。相比之下，心理异常往往表现为持续时间较长、强度较大的情绪或行为异常，严重影响个人的日常生活、社交关系和工作学习等方面。

其次，需要考虑心理问题与心理异常的出现频率和影响程度。心理问题通常是偶发性的，会在特定情境下出现，但并不会频繁发生或持续存在。而心理异常则往往表现为频繁、持续的异常情绪或行为，超出了正常范围。例如，焦虑症患者会经历频繁的焦虑发作，而抑郁症患者则经历持续的抑郁情绪，且这些情绪会影响他们的日常生活。心理问题会对个人的情绪状态、社交关系或学习产生一定的影响,但通常不会造成严重的功能障碍。而心理异常则导致严重的功能障碍,如严重的自我忧虑、人际关系问题、工作学习能力下降等。这些功能障碍会对学生的生活造成严重影响,甚至影响他们的生存和安全。

最后,还需要考虑心理问题与心理异常的症状种类和严重程度。心理问题的症状通常是比较常见且轻微的,如短暂的焦虑、情绪低落、注意力不集中等。而心理异常的症状往往是比较严重和特异的,如持续的幻觉、妄想、严重的自残行为等。

三、大学生常见的心理问题

（一）环境适应问题

在大学新生群体中,对环境的不适应现象屡见不鲜,尤其对于那些首次离家并融入集体生活的学生来说,他们普遍会经历一个从陌生到逐渐适应的过渡阶段。然而,在这个转变过程中,那些过去在家庭中受到过度保护、习惯于娇生惯养或性格孤僻的个体,往往面临更大的挑战。他们更容易在生活的巨大变化中感到孤独和无助,在心理困境的煎熬下,个别学生会滋生抑郁等心理健康问题。

（二）自我认识问题

在人的心理健康构建中,自我认识占据举足轻重的地位,它不仅对人格的形成与发展产生深远影响,还为个体实现自我提供了强大的驱动力。然而,对于当代的大学生而言,由于他们正处于自我意识逐步成熟和完善的关键阶段,心理尚未完全成熟,因此,在自我认识上容易出现偏差。这些偏差包括但不限于自卑感,即对自己的能力或品质持有过低的评价,总觉得自己在某些方面不如他人,以及自负心理,即过度自信,缺乏自我审视,常常认为自己正确而他人错误,并试图将自己的意愿强加他人,导致与他人相处时产生困难。在大学生活中,学生时常会面临各种挑战和挫折,如果缺乏准确的自我认识,则很容易陷入各种心理困境。

（三）人际关系问题

在现实生活中,优质的人际交往无疑是人们生活和学习不可或缺的需求。特别是对于大学生而言,置身于全新的环境中,构建健康的人际关系对他们的心理健全及全方位发展具有重要意义。然而,由于多种复杂因素的交织,大学生在人际互动的过程中常常会遭遇种种难题,这些问题不仅成为他们构建良好人际关系的绊脚石,更为其日常生活造成了不小的困扰。因此,为了有效解决并规避这些人际难题，我们亟须采取相应的策略和方法。

（四）学习心理问题

从中学迈入大学，大学生的角色经历了一次重大转变，伴随而来的是生活环境和学习环境的巨大变化。面对这种变化，不少大学生在学习策略、方式和方法上势必遭遇前所未有的挑战，从而产生一系列新的问题。每个人在学习道路上会遭遇不同的心理困扰，关键在于如何正确面对并有效解决这些问题。只有成功地应对和解决这些学习心理问题，大学生才能够稳步提升自己的学习效率，最终成为兼具创新精神和实践能力的优秀人才，为社会贡献自己的力量。

（五）恋爱心理问题

当前，大学生恋爱现象在校园中越发普遍，且越发公开化，亲密的情侣身影遍布大学校园的每个角落。然而，若恋爱问题处理不当，不仅会阻碍大学生的学业发展，更会对其人格的健全发展产生深远影响。因此，关注大学生的恋爱心理，引导他们形成正确的恋爱观念和行为意识，已成为大学生心理健康教育不可忽视的版块。

（六）情绪问题

大学生正处于充满热情与活力的阶段，他们易于与外界产生碰撞和摩擦，也更容易陷入情绪困扰。因此，在专注于学业的同时，大学生也需要深刻了解自己的情绪特点，并致力于提升自我情绪觉察、适应和控制的能力。学会情绪管理，意味着成为自己情绪的主人，这是一个至关重要的生活技能。情绪管理不仅有助于维护大学生的心理健康，还能有效促进他们的智力、情感和意志的全面发展，从而塑造更加完整的人格。此外，良好的情绪管理能力还能显著提升大学生适应社会的能力，为他们未来走向社会奠定坚实的基础。

（七）网络心理问题

随着互联网技术日新月异的发展，网络以其独特的优势崭露头角，成为其他信息载体难以企及的存在。特别是近年来移动互联网的迅猛普及，更是将网络深深融入了大学生的学习与生活中，成为他们生活和学习中不可或缺的一部分。然而，在这股网络浪潮的席卷下，大学生的心理和行为也呈现新的面貌。然而，我们不得不正视的是，在享受网络带来的便捷与丰富生活时，部分大学生逐渐暴露出一系列问题。网络如同一把"双刃剑"，其利在于能够助力人们提升学习、生活与工作效率；但其弊亦不容忽视，过度或不当地使用网络容易使人产生依赖心理，甚至陷入网络成瘾的泥潭，对大学生的心理健康造成不良影响。

（八）大学生心理危机问题

大学生的心理危机，特指在大学阶段，个体遭遇超过其心理承受能力的刺激，从而陷入一种严重的心理困境。陷入困境后的表现为极度的焦虑、抑郁，甚至可能失去自我控制，无法自拔。实际上，心理危机并非特定于某一群体，而是每个人在生活中都可能遭遇的挑战。当我们面临各种各样的压力，而且压力超出我们的应对能力时，心理危机便会产生。通常而言，大多数人的心理危机能够在数周内得到妥善解决，但也有一部分人的危机更棘手，难以自行化解。如果这些危机得不到有效的应对和处理，就可能演变为更严重的心理疾病，甚至引发自杀等极端行为。因此，我们需要相互关心，共同采取明确且有效的措施，帮助那些身处心理危机中的大学生战胜困难，重新找回生活的平衡和自信。

四、大学生常见的心理异常

（一）抑郁症

谈及抑郁症，许多人或许会将其简单归咎于心情不佳或悲伤、忧虑等情绪状态，但实际上，单纯的不良情绪并不直接等同于抑郁症。抑郁症，正式称为抑郁障碍，是一种具有显著且持久心境低落特征的疾病，它属于心境障碍的核心类型。临床上观察到的患者的心境低落与其实际处境往往不相称，其情绪可能从轻微的低落逐渐演变为深切的悲痛，甚至陷入自卑和绝望，有时会产生自杀的念头或行为。在某些病例中，患者还会出现木僵状态，部分病例则伴有明显的焦虑和运动性激越，而严重者则出现幻觉、妄想等精神病性症状。抑郁症的发作往往持续两周以上，有的患者甚至数年饱受其困扰，且多数病例有复发的趋势。尽管经过治疗，多数患者的症状可以得到缓解，但仍有部分患者残留症状或转为慢性状态。

至今，关于抑郁症的确切病因仍不完全明了，但可以确定的是，其发病涉及生物、心理与社会环境等多方面因素。在生物学层面，遗传、神经生化、神经内分泌和神经再生等方面都可能与抑郁症的发病有关。

（二）惊恐症

惊恐症，作为一种急性焦虑障碍，其显著特征在于反复涌现的心悸、汗水淋漓、身体震颤等自主神经系统的强烈反应，同时伴随一种无法抗拒的濒死感或失控感，使患者深感恐惧，担心可能遭遇不幸。对于惊恐症的发病机理，当前医学界普遍认为其受到遗传、环境以及生物学因素的共同影响。其中，年龄、性别、生活压力的大小、抽烟与喝酒的习惯、家族中父母的精神病史以及患者本身患有其他焦虑障碍或精神疾病，均被视为可能引发惊恐症的风险因素。

（三）强迫症

强迫症是一种心理障碍，其主要表现形式为强烈的强迫性思维和不可抑制的强迫行为。这种病症的特点在于，患者会经历一种有意识的强迫与反强迫的内心斗争，这种斗争围绕那些对他们而言毫无意义，甚至与内心真实意愿相违背的想法或冲动展开。这些念头和冲动频繁且顽固地侵入患者的日常生活，尽管他们深知这些想法或冲动源自内心，且会竭尽所能地抵抗，但总是无法完全掌控。这种内心的强烈冲突使患者深感焦虑和痛苦，对他们的学习、工作、人际交往乃至日常生活都造成了极大影响。

（四）精神分裂症

精神分裂症，作为精神疾病谱系中最严重和复杂的一种，其核心特征在于其引发的严重障碍，足以使患者与现实世界脱节。这种精神疾病的表现远不止于幻觉、妄想和思维异常等典型症状，更体现在患者心理活动内部及其与现实之间的分裂与不协调。一旦精神分裂症发作，患者的工作和学习能力将受到严重损害，若治疗不及时或不彻底，患者会因疾病的反复发作而最终陷入精神的枯竭与衰退。

（五）人格障碍

人格障碍，亦被称作病态人格，它指的是个体在人格特征上显著偏离了普遍接受的正常模式，这种偏离不仅体现在人格发展的内在结构中存在严重的不协调，还进一步表现为独特的认知模式、情绪反应、动机驱使和行为活动的异常状态。由于这种异常，个体在适应环境时遭遇困难，从而导致其社会交往和职业功能受到严重影响，给他人和社会带来潜在危害，同时个体自身也深感痛苦。人格障碍的异常特征通常起源于童年或青少年时期，并持续至成年，甚至伴随终生。据国内外研究揭示，人格障碍的主要特征包括：人格特质显著异常或存在严重缺陷，情感表达与一般人群存在显著差异，行为缺乏明确的目标和完整性，以及对自身人格缺陷缺乏认识和自我反思的能力。

（六）焦虑症

高校大学生焦虑症是当代大学生普遍面临的心理健康问题之一。在高等教育日益普及的背景下，学业压力、就业竞争、人际关系等因素使许多大学生感到焦虑不安。首先，学业压力是导致大学生焦虑的主要原因之一。随着课程的增加和学业的加重，许多学生感到时间紧迫，任务繁重，容易产生挫折感和焦虑情绪。

其次，就业压力是导致大学生焦虑的重要因素。面对激烈的就业竞争和不确定的就业前景，许多大学生感到担心和压力，担心自己的能力和专业技能不能胜任未来的工作。最后，人际关系问题也是导致大学生焦虑的一个重要原因。在大学期间，学生需要面对各种社交压力，包括与同学、室友、教师等的相处，以及与家人之间的沟通和交流，这些都可能成为焦虑的源头。

（七）双向情感障碍

双向情感障碍表现为情感波动剧烈，时而情绪低落，时而情绪过度兴奋，严重影响生活和学习。这种障碍通常由多种因素引起，包括人际关系问题、自我认知困扰等。人际关系问题是导致这种障碍的重要因素。在大学期间，学生需要面对各种社交压力，包括与同学、室友、教师等的相处，以及与家人之间的沟通和交流，这些都可能成为情感波动的触发因素。自我认知困扰也会加剧情感波动的程度。一方面，许多大学生对自己的能力和价值产生怀疑，缺乏自信心，容易陷入情绪低谷；另一方面，他们又渴望得到认可和关注，导致情绪过度兴奋。

五、大学生心理问题与心理异常的解决途径

当前，大学生在心理层面面临的挑战日益显著，心理问题和心理异常之间的界限有时变得模糊而难以界定，对于大学生而言，及时识别和处理心理问题和心理异常至关重要。

（一）大学生心理问题的解决途径

针对前面所述的大学生常见的心理问题，我们可以通过以下途径来帮助大学生保持良好的心理健康。

1. 坦然面对，遇到问题时及时进行自我调整

在面对心理挑战时，坦然接受并及时进行自我调整是至关重要的。心理健康如同身体健康，人生旅途中难免会遇到各种问题和困惑。这些心理困惑实际上是成长的一部分，无须过度惊慌或归咎于外界。

为了有效应对，我们首先需要正确认识自己。通过深入反思、与朋友分享、与教师交流等方式，我们可以更全面、更深刻地了解自己。基于这种自我认知，我们可以找到最适合自己的心态调整方法。这些方法包括转移注意力、与亲友分享心事，甚至面对墙壁倾诉等，以帮助我们宣泄情绪、平复内心。

重要的是，及时调整情绪和情感，以便尽早摆脱困扰。通过积极应对和主动调整，我们可以增强心理韧性，更好地面对生活中的挑战。

2. 不要急于"诊断"

在面临心理挑战时，我们应避免急于"诊断"自身问题。心理问题具有多样

性和复杂性，其成因往往涉及多个方面。因此，我们不应盲目地根据书籍上的片段信息或他人的道听途说进行自我诊断，更不应草率地"对号入座"，认定自己患有某种心理疾病。

虽然关注问题的本质是十分重要的，但大学生的问题更多地表现出发展性的特征，许多只是"成长中的烦恼"。我们不应过分夸大问题的严重性，给自己带来不必要的恐慌和压力。相反，我们应该以开放和接纳的态度面对自己的心理困扰，寻求专业的帮助和指导，以便更好地解决问题，促进个人成长和发展。

3. 调整生活规律

长时间保持不规律的生活习惯会对人的身心健康产生显著的负面影响，这些影响包括但不限于免疫力降低、食欲减退、情绪焦虑、心情郁闷以及失眠等。然而，值得注意的是，很多时候，我们只需对自己已经习惯的生活规律进行微调，便能显著改善整体的精神状态。均衡饮食、适量运动、保持规律的作息时间和良好的生活习惯，有助于提高心理健康水平。

这种调整不仅可以使身体机能得到恢复，更能让人的心理得到放松和舒缓。通过这种方式，原本看似棘手的"心理问题"往往能够自然而然地得到缓解和解决。因此，建立并保持一个健康、规律的生活习惯，对于促进身心健康、提高生活质量具有重要意义。

4. 培养兴趣爱好

培养自己的兴趣爱好，如音乐、绘画、运动等，有助于放松心情，提高生活质量。兴趣爱好可以帮助我们放松心情，缓解压力，提高生活质量。同时，兴趣爱好也可以帮助我们发现自己的潜能，提升自信心。

5. 培养应对压力的能力

学会面对压力和挑战，培养应对压力的能力，如设定合理的目标、学会说"不"、合理安排时间等。面对压力和挑战，我们需要学会合理应对，设定合理的目标可以帮助我们规划自己的人生，学会说"不"可以帮助我们保护自己的权益，合理安排时间可以帮助我们平衡生活和学习。通过这样的方式，我们能更好地提升自我抗压能力，为将来步入社会打下坚实的基础。

6. 建立良好的学习习惯

建立良好的学习习惯对于个人的学业成就和长期发展至关重要。首先，设定合理且适度的学习标准是关键，这样可以避免因期望过高而导致的过度焦虑。其次，提升自学能力和掌握适合自己的学习方法也是必不可少的，这有助于提高学习效率和质量。最后，合理安排时间，确保学习与娱乐之间的平衡，对于保持良好的学习状态至关重要。在保持适度的紧张和焦虑的同时，也要确保充足的休息时间，力求身心健康。

如果焦虑情绪持续严重，影响了正常的学习和生活，那么求助专业的心理医生是明智之举。通过咨询，学生可以学会更有效地管理情绪，排除焦虑，为学习和成长创造更好的条件。

7. 建立良好的人际关系

良好的人际关系对于个人的成长和发展起至关重要的作用。要实现这一目标，首先，我们需要学会正确地对待自己和他人，摒弃认知偏见，以开放和包容的心态接纳不同的观点和个性。其次，我们要注重个性修养，努力克服自卑、羞怯等不良心理特征，展现自信、真诚和友善的一面。通过积极的自我提升和反思，我们可以更好地理解和接纳自己，从而在与他人交往时更加从容和自信。

8. 树立正确的爱情观

树立正确的爱情观对于大学生的成长至关重要。首先，大学生应平衡爱情与学业的关系，将学业置于优先地位，避免过度投入恋爱而荒废学业。恋爱关系应成为推动个人成熟和进步的动力，而非阻碍。其次，学会培养爱的能力，发展健康的恋爱行为至关重要。这意味着要尊重对方，关心对方的成长和需求，同时也要学会表达自己的感受和期望。双方应共同努力，建立平等、相互尊重、相互理解和相互支持的恋爱关系。

9. 建立正确的择业观

大学生应建立正确的择业观。首先，大学生需要深入了解自我，剖析自我，包括身体素质和心理素质等各个方面，如智力、兴趣、态度、气质、能力等。必要时可以借助心理测验等工具，以便更清晰地认识自己。其次，在了解自我的基础上，大学生还需要对各种职业的基本情况进行深入了解和研究。这包括职业的特点、要求、发展前景等，以便能够根据自己的特点和兴趣选择适合自己的职业。在选择职业的过程中，大学生还应学习基本的求职技巧，如简历制作、面试技巧等，以便在求职过程中能够充分发挥自己的优势，展现自己的真才实学。最后，面对求职中的挫折和困难，大学生需要保持积极的心态，调整自己的心态和策略，不断寻找新的机会和可能性。只有这样，才能在职业道路上不断前行，实现自己的职业目标。

10. 向专业心理教师寻求帮助

在面对自己无法独立解决的心理问题时，大学生应积极寻求专业心理教师的帮助。通过与心理教师的深入交流，大学生可以获得专业的指导和建议，从而有效地排解内心的困扰和郁闷。重要的是，不要回避或忽视自己遇到的问题和困难，而是要以积极的态度正视它们。通过寻求专业帮助，大学生可以更加清晰地认识自己的心理状况，找到解决问题的途径和方法。

（二）大学生心理异常的解决途径

大学生心理问题如果没有被及时发现并得到干预，严重的有可能发展成心理异常，如焦虑症、抑郁症、躁郁症、强迫症、饮食障碍、睡眠障碍、人格障碍等。面对心理异常，大学生应该积极寻求专业的心理健康服务，如心理咨询或治疗，以获得帮助和支持。同时，高校也应提供更多的心理健康支持，帮助大学生健康成长。

1. 及时识别与寻求专业帮助

当大学生发现自己或他人存在心理问题时，应尽早识别并主动寻求帮助。大学生可以向学校的心理咨询中心人员、辅导员、心理教师等专业人员咨询，也可以到医院的精神科或心理科就诊。寻求专业帮助是解决问题的第一步，专业人员可以提供专业的评估、诊断和治疗。

2. 自我调整与心理调适

大学生在面对心理异常时，可以通过一系列自我调整的方法来缓解压力和改善心理状态。以下是一些精简且具体的建议：放松技巧：采用深呼吸、冥想或瑜伽等放松技巧，这些活动能有效降低身体的紧张感，从而缓解压力和焦虑。积极心态：努力保持积极的心态，尝试从多个角度看待问题，避免陷入过度自责和消极情绪的旋涡。健康生活习惯：建立并维持健康的生活习惯，如确保充足的休息、保持规律的作息、合理饮食以及适度的体育锻炼。这些都有助于增强身体抵抗力，并有助于心理状态的稳定。

3. 加强心理健康教育

为了提升大学生的心理素质和应对能力，高校应当强化心理健康教育，并普及心理健康知识。以下是一些具体建议：开设心理健康课程：将心理健康课程纳入正式的教学计划，使学生系统地学习心理健康知识，了解心理调适的方法和技巧。举办心理健康讲座：定期邀请心理学专家或心理咨询师举办讲座，分享心理健康的最新研究成果和实践经验，引导学生关注心理健康问题。开展心理健康活动：组织各类心理健康主题活动，如心理剧表演、心理健康知识竞赛等，通过互动参与的方式，增强学生的心理健康意识。通过这些措施，高校可以有效地引导学生关注自身心理健康，提升他们的心理素质和应对能力，帮助他们更好地应对学习和生活中的挑战。

4. 建立支持系统

与家人、朋友、同学建立良好的关系，形成支持性的社交网络。当遇到心理问题时，可以向他们倾诉、寻求帮助和支持。参加社团、志愿者活动等，扩大社交圈子，增强社会支持。建设"四位一体"心理预警网络。高校建立"家庭—辅导员—班级—个人"心理预警网络，实现心理健康问题的网格化管理，形成一个

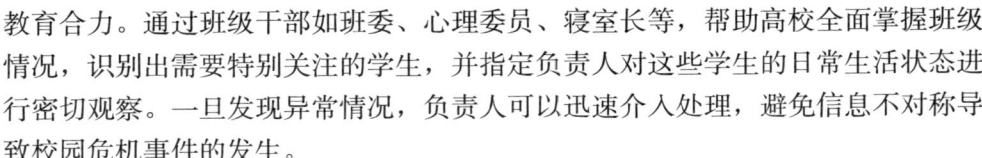

教育合力。通过班级干部如班委、心理委员、寝室长等，帮助高校全面掌握班级情况，识别出需要特别关注的学生，并指定负责人对这些学生的日常生活状态进行密切观察。一旦发现异常情况，负责人可以迅速介入处理，避免信息不对称导致校园危机事件的发生。

5. 专业治疗与干预

如果大学生的心理问题比较严重，则需要接受专业的治疗与干预。这包括药物治疗、心理治疗（如认知行为疗法、心理分析疗法等）、物理治疗等。在接受专业治疗时，大学生应积极配合医生或治疗师的治疗计划，严格遵守医嘱，如按时服药和定期参加心理治疗。同时，保持积极的心态和坚定的信心，相信自己有能力克服困难、战胜疾病。这样的态度对于治疗和恢复都至关重要。

6. 预防与复发管理

在解决心理异常问题的同时，也要注意预防复发。这包括继续接受心理治疗、定期复诊、保持健康的生活方式等。大学生如果发现自己或他人有再次出现心理问题的迹象，应及时采取措施进行干预和管理，避免问题进一步恶化。

总之，解决大学生心理异常问题需要多方面的努力和支持。针对那些经过医院诊断确认存在心理异常（特指精神障碍）的学生，他们的日常生活和学习已受到严重干扰，甚至对自身和他人的生命安全构成威胁。若不及时前往专业医院接受治疗，情况恐将越发恶化。因此，基于对学生身心健康的深切关怀，强烈建议这类学生立即前往专业医疗机构进行治疗。

第二章　大学生心理健康教育发展概述

第一节　大学生心理健康教育发展的主要趋势

随着教育的发展和社会对人才的新期待，大学生心理健康教育正深入教育观、人才观和学生观，成为学生成长的内在需求。其将迎来全面转变：教育理念全方位渗透、教育模式科学化发展，教育队伍多层次整合，教育领域多样化拓展，教育途径多方面优化。

一、教育理念全方位渗透

心理健康教育，在我国虽然起步稍晚，但发展速度十分迅猛。它不再只是一种教育方法或技术，更是一种深刻的理念和思想，这种理念和思想正在全方位地渗透到我国的教育体系中。

高校心理健康教育正在实现全方位的渗透与发展。心理健康教育正全面融入高校教育和日常工作的各个环节。高校教育不再只是关注知识的传授，而是更加注重学生心理素质的培养。教师在教学过程中，会结合课程内容，有针对性地开展心理健康教育，帮助学生建立正确的人生观、价值观，培养良好的心理素质。此外，高校还通过举办各类活动，如心理健康月、心理讲座、心理沙龙等，让学生在参与过程中，自然地接受心理健康教育。

心理健康教育已延伸至学生家庭。高校与家长紧密合作，共同培养学生良好的心理品质。高校会定期举办家长讲座，向家长传授心理健康知识，引导家长关注孩子的心理健康，帮助家长掌握与孩子沟通的技巧。同时，高校还通过家访、家长座谈会等形式了解学生的家庭环境，为家长提供有针对性的家庭教育建议。

高校之间开始加强合作，打破传统的独立教育模式，实现资源的优化与共享。例如，各高校会定期开展心理健康教育研讨会，分享心理健康教育的经验和成果，共同探讨心理健康教育的发展方向。一些地区还会成立心理健康教育联盟，通过联盟内的高校资源共享，提高心理健康教育质量和水平。

心理健康教育还扩展到了社会层面，政府部门、社会组织、咨询机构和医院等纷纷参与到心理健康教育中，共同构建全方位、多层次的心理健康服务体系。例如，政府部门制定相关政策，加大对心理健康教育的投入和支持；社会组织开展心理健康公益活动，提高公众对心理健康的认识和关注；咨询机构和医院则提供专业的心理咨询和服务，为广大师生和家长提供心理支持。

二、教育模式科学化发展

在我国，心理健康教育的发展经历了从单一的矫治性模式向发展性模式的转变。传统的教育模式往往聚焦于少数群体的心理矫治，这种模式在一定程度上解决了学生的心理问题，但过于关注问题的解决，忽视了大多数学生的心理发展需求。随着教育理念的不断更新和发展，心理健康教育将迈入新阶段，即发展性模式。

发展性模式不仅注重矫治问题，更注重激发和优化学生的心理品质。这种模式认为，每个学生都有其独特的心理潜能，教育者应该通过科学的方法去发掘这些潜能。在这个过程中，矫治性模式和发展性模式并非对立，而是相辅相成、和谐共生。矫治性模式关注的是问题的解决，发展性模式关注的是潜能的发掘，两者共同构成了一个完整的心理健康教育体系。

未来，大学生心理健康教育将采纳积极心理学的理论和方法。积极心理学强调人的积极品质和潜能，认为教育者应该关注学生的积极因素，并以此为基础进行心理健康教育。在继续关注少数群体心理适应与矫治的同时，心理健康教育也将目光投向全体学生，致力于发掘他们的心理潜能、优化他们的心理品质。大学生心理健康教育还将关注思想政治教育队伍的心理健康状况与教育能力。教育者自身的心理健康状况和教育能力对学生的心理健康教育产生重要影响。因此，提高思想政治教育队伍的心理健康状况和教育能力是推动大学生心理健康教育发展的重要途径。

为了构建一个覆盖面广、针对性强的大学生心理健康立体教育体系，我们需要明确教育目标、优化教育内容、创新教育方法、强化教育评价。在这个过程中，教育模式的科学化发展是核心。科学化的教育模式能够更好地满足学生的心理需求，提高心理健康教育效果。首先，教育目标需要明确。大学生心理健康教育的目标应该包括预防心理问题、促进心理发展、提高心理素质等多个方面。教育者需要根据学生的年龄特点、心理发展需求等因素，制定具体的教育目标。其次，教育内容需要优化。教育者应该根据学生的实际需求，选择合适的心理健康教育内容。这包括普及心理健康知识、传授心理调适技巧、培养心理素质等方

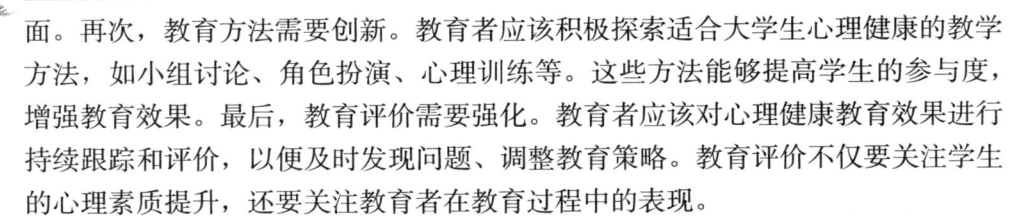

面。再次，教育方法需要创新。教育者应该积极探索适合大学生心理健康的教学方法，如小组讨论、角色扮演、心理训练等。这些方法能够提高学生的参与度，增强教育效果。最后，教育评价需要强化。教育者应该对心理健康教育效果进行持续跟踪和评价，以便及时发现问题、调整教育策略。教育评价不仅要关注学生的心理素质提升，还要关注教育者在教育过程中的表现。

三、教育队伍多层次整合

高校心理健康教育队伍是确保大学生心理健康教育工作针对性和实效性的关键。随着高等教育大众化的推进，尽管专职心理健康教育队伍有所发展，但与迅速扩大的学生规模相比，仍显不足。目前，该队伍主要由专职和兼职人员组成，以兼职为主，涵盖了学生辅导员、班主任、学生骨干、思想政治教育工作人员及任课教师等。然而，专兼职人员的选聘和培训机制尚未完善，兼职人员的心理健康教育能力培养有待加强。随着心理健康教育的发展与普及，该领域逐渐成为职业和事业的新选择。特别是 2021 年《教育部办公厅关于加强学生心理健康管理工作的通知》发布后，心理健康教育能力成为高校辅导员的重要职业能力之一，进一步提升了其重要性。为了应对这一挑战，高校应推动心理健康教育师资队伍的多层次整合。通过专兼结合、培养和聘用等方式，建设一支以专职教师为核心、专兼结合、专业互补、学科融合的稳定队伍。同时，高校应完善选聘、培训和师资资格认证等制度，鼓励和引导更多专业人员加入心理健康教育工作，提高队伍的职业化水平和专业化水准，以确保大学生心理健康教育工作的高质量和可持续发展。

四、教育领域多样化拓展

随着现代社会的飞速发展，大学生的需求日益呈现多样化和多元化特点。为了适应这一变化，我国大学生心理健康教育领域正在经历一次重要的转型和拓展。传统的心理健康教育与咨询模式正在逐步拓宽其边界，向生涯规划教育、学习咨询、生活咨询、人格咨询和就业教育与咨询等多个领域延伸。这一转型不仅注重解决学生的心理问题，更强调潜能的开发、职业生涯的规划、创新能力的培养、就业创业技能的提升以及学生自我健康形象的塑造。心理健康教育将实现全方位融合和多领域渗透，为大学生提供更加全面、细致和个性化的支持。同时，心理健康教育领域也将关注家长和教师等的心理健康问题，为他们提供咨询服务平台，以帮助他们更好地应对压力和挑战，维护良好的心理状态。未来的心理健康教育领域将呈现多样性、多元化和宽泛化的特点，成为高校教育中不可或缺的一部分，为大学生的全面发展提供坚实的心理支撑。

五、教育途径多方面优化

在 21 世纪这个思想激荡、价值观多元、舆论冲击频繁、社会变革日新月异的时代，随着信息化浪潮的推进，未来的人才在面对这个纷繁复杂的世界时，都会在不经意间遭遇心理挑战。因此，大学生心理健康教育面临前所未有的严峻挑战。如何帮助大学生以积极、健康的心态去适应这个瞬息万变的社会，已成为高校心理健康教育亟待解决的重要课题。因此，教育途径的创新发展显得尤为迫切。心理健康教育正朝着科学化和现代化的方向迈进，这将使教育更加普及、效果更为显著、影响力更加深远。

在新时代背景下，结合大学生的成长特点和需求，高校应加强心理健康教育的宣传力度，利用微信、QQ、微博、自媒体、融媒体、短视频等新媒体平台，以及在线咨询、网络心理测试等互动形式，积极探索新的宣传方法和手段，以更有效地传播心理健康教育知识，提升大学生的心理健康水平。高校应遵循大学生心理健康教育原则，不断创新教育教学方法。高校通过多样化的教育形式和灵活的题材选择，使教育更加生动有趣、互动性强、覆盖面广、省时高效。

高校通过不断创新团体心理咨询的方式方法，实现教育形式的多样化、互动性的增强以及教育效果的显著提升。高校要确保大学生心理健康教育途径与时代发展保持同步，通过多方面的优化措施，实现教育效果的明显提升，为大学生的全面发展提供坚实的心理支持。

第二节　新媒体环境下的大学生心理健康教育

作为公共信息的主要来源，以及塑造大学生正确价值观和良好社会心态的重要途径，媒体在大学生心理健康教育工作中发挥重要作用。随着科技的进步，尤其是网络通信的飞速发展，新一代的信息传播媒介已深入社会的每个角落，并与之紧密相连，极大地改变了大学生的日常行为和生活方式。在高等教育这个人生重要的转折点，大学生准备投身于建设中国特色社会主义的伟大事业。然而，他们也面临新兴社交平台影响力日益增强的问题——这种影响力不仅深入了年轻人的生活，还对他们的精神面貌产生了重大影响。

一、新媒体环境对大学生心理健康的有利作用

（一）满足学生个性化需求

大学生正处于生命力和创造力的巅峰，对新鲜事物充满好奇，勇于探险与实验。他们在寻求自我认同和尊严的过程中，拥有无尽的能量去追求新知识和新

生活。因此，大学生的精神状态通常呈现为活跃且富有激情：既有挑战的勇气，也容易激动不安。然而，面对感情困扰或学业压力等问题，若缺乏适当的外部引导或自我控制能力不足，便容易产生负面结果。在新媒体时代，互联网平台为大学生提供了迅速获取各种解决方案的途径。这些信息成为他们深入了解外部世界的窗口，同时也丰富了他们的日常生活。通过这些平台，大学生可以有针对性地应对生活中的难题，使他们的精神状态更加稳定，从而更好地投入学习和生活。

（二）提供心理缓解途径，减轻学生压力

许多大学生正面临巨大的学业压力。他们从高中进入大学，思维模式尚未完全适应新环境，会产生暂时放松或试探社会的想法，以致忽视了学业。这导致他们的学习成绩不断下滑，与高中时的优秀表现形成鲜明对比，这种落差会使他们难以接受，从而产生心理困扰。然而，新媒体提供了一种更为私密且多样化的缓解压力的途径。学生们可以通过互联网平台与陌生人互动，倾诉自己的疑虑、压力和苦恼。由于这些对话是匿名的，双方关系相对平等，学生们可以真实地表达自己的想法。这种宣泄负能量的方式有助于学生释放压力，获得必要的慰藉和关爱。此外，在线教师可以通过远程方式关注学生的心理状况，从而取得更好的效果。同时，互联网上有丰富的信息资源，学生们可以从中找到适合自己的问题解决方案。因此，新媒体成为一种次要但有效的压力缓解工具。总之，通过新媒体，学生们可以在一定程度上减轻压力，更好地适应大学生活。

（三）借助榜样力量塑造卓越品质

得益于新媒体技术的蓬勃发展，传统上由地理限制、年龄差异及家庭条件构筑的交流壁垒已被悄然打破。当代大学生可以轻松地在各大社交网站上与来自各行各业的思想道德模范沟通交流，从被赞誉为"中国好人"的榜样身上汲取正能量与启发。作为当代大学生的先辈，这些杰出榜样势必要担负起引导大学生形成健康价值观的责任与义务，要抓住机会为大学生提供指导，倾听年轻一代新颖的想法，促成一场场富有成效的思维碰撞，让学生在与榜样交流的过程中学会从多角度审视问题，理性分析，逐步形成健康稳定的心理状态，为日后的挑战奠定坚实的基础。

二、新媒体环境对大学生心理健康的不利影响

（一）容易产生真实社交障碍

许多年轻的学生沉浸在互联网交流的便捷和实时互动中，难以分辨虚拟世

界与现实生活，进而沉迷其中，形成了所谓的"上网成瘾"现象。这主要是因为他们大多是独生子女，成长过程过于舒适，缺乏团队合作经验。当他们开始独立学习时，部分人会在人际交往中遇到困难，例如与宿舍室友或同学沟通不畅。他们因为傲慢无礼、自私任性等性格特点，不受他人欢迎，从而遭到排斥或感到孤独。因此，他们更愿意在网上寻求慰藉，从虚假的环境中获得尊重和平静，进一步远离实际生活中的人际关系和社会活动。对未来充满期待的心态让他们更加投入这个幻想的空间，从而产生了严重的交际恐惧症和人格缺陷等问题。

（二）对未来生活缺乏有效动力

一方面，各大新媒体平台发布的光怪陆离景象常会使部分学生深陷其中，无法自拔，并慢慢混淆对网络与现实的认识，逐渐忽视自身社会综合能力的发展。长期处于这种状态，大学生会出现理想与现实脱节的问题，他们经常幻想自己是网络空间里的红人、论坛的领航者或游戏世界的"Number one"，觉得同龄人都远不如自己，从而在择校、择业过程中做出一些荒诞的举动。然后，现实的冷水会让他们清醒地意识到自身的实际能力远不及那些潜心学习的同窗，因此，他们就会从过度自信陡然转向自我否定，生活的热情与信念亦随之消减。另一方面，因新媒体环境过于鱼龙混杂，经常有一些居心不良者运用新媒体发表不当言论。部分媒体公司更是借助新媒体传播一些负面信息博取关注。部分心智不够成熟的大学生很容易将此类信息视为衡量事物的标尺，无形中加深了内心的消极情绪，形成恶性循环。此外，新媒体平台上充斥着不实信息与偏激观念，诈骗活动亦是屡见不鲜。鉴于大学生心理尚处于成长阶段，辨明是非的能力较为薄弱，频繁接触此类负面内容极易诱发抑郁、焦虑等心理问题，特别是那些社交经验匮乏、心理韧性不足的个体，更容易在新媒体的负能量旋涡中迷失，极端情形下还会导致一些大学生放弃宝贵的生命，对学生家庭与社会造成无法挽回的损失。

三、新媒体背景下大学生心理健康教育的措施

（一）提升管理力度，净化网络环境，为大学生创造健康氛围

教育主管部门应与政府部门协同执行，深化大学内部的网络净化活动，共同营造一个清新健康的网络舆论氛围。这样的环境将有益于大学生在互联网空间中享受健康、积极、快乐且充满活力的生活。同时，高校也需要充分利用互联网的潜力，弥补不足，改善弱点并解决实际问题。学校作为学生的主要管理者，必须将网络环境监控视为加强学生心理卫生教育的首要条件和基石。只有确保学生免受非法资讯、庸俗谄媚、偏激思维等有害信息的侵害，才能保持他们的精神世界纯洁而美好。因此，高校需要与执法机构携手合作，构建校园网络安全屏障。通

过科技手段，对学生所能接触的信息进行全面审查，迅速移除有害内容。此外，高校还需推动主流舆论，如社会主义核心理念的传播。借助辅导员、班导师、团委会、学联等直接影响学生生活的团体，通过他们日常使用的微信、QQ、知乎、校内论坛等互联网媒介，全方位渗透学生社群。首先，高校要培养学生正确的人生观、价值观、生死观以及人际关系观念，从而为后续心理健康管理奠定基础。引导学生树立正确的人生态度，是学生和高校共同的责任。通过政府、教育主管部门、学校等多方共同努力，我们有望打造一个健康、积极的网络环境，助力大学生在互联网世界中茁壮成长。其次，高校也需关注学生的心理健康，为他们提供正确的价值观引导，引领他们走上美好的人生道路。

（二）强化指导训练，提升学生的信息识别能力

虽然我们希望通过技术手段控制信息的传播，但由于互联网环境复杂且难以完全掌控，无法确保所有信息都得到有效管理。为了使大学生更好地应对新媒体环境，他们需要具备自我防御机制。这是高校在心理健康教育中面临的重要任务。考虑到大学生思维敏捷、易受激发且缺乏社交和实践经验，高校应优化心理辅导课程结构，以新媒体环境下大学生如何提高危机处理能力和自我保护意识为主题制订教学计划。其中包括如何识别与个人情况相符的新媒体信息，挖掘潜在信息含义，判断其真实性和影响等方面的知识。此外，教师还需引导学生在新媒体环境中建立良好的人际关系，确保身心健康。教师应建议学生避免随意透露个人资料，不过于亲密互动，对别人的评价、反应和需求应先咨询学校导师或干部，在此基础上谨慎决策。保持内心平衡稳定，不受网络信息影响，防止情绪受挫。同时，高校学生管理部门需与心理教育中心密切合作，关注学生情感生活，尽力协助他们解决实际问题，引导学生认同团体，以便其在遇到心理困惑时迅速获得支持和解答。

（三）提升实践训练强度，增强心理健康教育力量

高校应引导学生利用业余时间积极参与各类团体活动，以拓宽视野、积累经验，并在此过程中锻炼自我。通过参与研究、实操和实习等项目，学生可以在小团队协作中完成任务，扩展人脉，获取更多信息资源，实现虚拟生活与真实场景的融合。这将有助于提高学生的社交技巧，培养他们乐观、热情和独立的个性特质，以便其更好地适应社会。此外，高校可以在现有校园咨询中心的基础上，进一步拓展其功能，组建一支专门的心理健康辅导团队。这支团队将直接服务于学生群体，帮助他们解决学业、人际关系、恋爱、职业选择、家庭关系和网络交流等方面的困扰。在辅导过程中，高校坚持以疏导和鼓舞为主，采用线上线下相结合的方式，打开学生的心扉，让他们真诚地接受心理辅导，放下心理包袱，与辅

导团队携手摆脱当前困境，重拾对未来的信心。

第三节　大学生心理健康教育课程教学现状

自 20 世纪 80 年代起，我国高校便将个体心理咨询与辅导作为心理健康教育工作的核心手段。彼时，部分院校更是先行一步，编撰了心理卫生与健康等教材，为大学生提供心理健康教育选修课程。进入 21 世纪后，教育部及相关部门接连出台政策，对心理健康教育的课堂教学给予了高度重视。

回顾高校心理健康教育课程的发展历程，从最初的选修课程（涵盖医学、心理学、心理健康教育等领域），到必修课程（结合思政理论课的相关内容），再到如今心理健康教育课程体系的完善（必修与选修课程并存），这一过程见证了心理健康教育在高校中的不断深入和系统化。然而，通过对相关文献的深入研究和与高校心理健康教育专职教师的交流访谈发现，当前大学生心理健康教育课程的建设仍面临诸多挑战与问题。这提示我们，加强心理健康教育课程建设仍然是一项长期且艰巨的任务。

一、大学生心理健康教育课程开设情况

在 2018 年中共教育部党组印发《高等学校学生心理健康教育指导纲要》之前，全国范围内高校开设心理健康教育课程的整体状况令人担忧。即便那些在心理健康教育方面已有较高发展水平的地区，开设此类课程的高校比例也相对较低，这反映出普遍的教育资源和重视程度的不足。

自《高等学校学生心理健康教育指导纲要》发布以来，尽管全国各省市在心理健康教育的发展上仍存在差异和不平衡，但值得欣慰的是，全国高校开设心理健康教育课程的总体比例已有所上升。

（一）政府主导作用明显

我国高校大学生心理健康教育课程教学的稳步发展，离不开政府相关部门的有力政策支持和持续推动。2005 年，政府明确提出鼓励高校在思想政治理论课中融入心理健康教育，这一政策促使大多数高校依托思想政治教育教师的力量，在思政课中增加心理健康教育的教学学时，以此形式开展心理健康教育课程教学。这一举措初步为大学生心理健康教育课程搭建了一个平台。2011 年，教育部办公厅印发了《普通高等学校学生心理健康教育课程教学基本要求》（以下简称《基本要求》），2018 年，中共教育部党组印发了《高等学校学生心理健康教育指导纲要》，全国各高校更加重视大学生心理健康教育课程教学的独立性和系

统性。各高校根据大学生心理发展的规律,单独设立心理健康教育课程,并统一编写教材,主要依托专业的心理健康教育专兼职教师开展课程教学。这一变革不仅提升了心理健康教育的专业性和系统性,也为学生提供了更全面和深入的心理健康教育服务。每当政府出台与心理健康教育课程教学相关的政策并进行督导检查时,都会推动高校心理健康教育在一段时间内实现快速发展。这种行政主导的方式不仅为高校心理健康教育提供了明确的方向和指导,也为其改革发展注入了强大的动力。由此可见,政府的行政主导在推动大学生心理健康教育课程教学的改革和发展中起到了至关重要的作用。

（二）从单一课程建设向课程体系建设发展

高校心理健康教育课程的演变历程可谓波澜壮阔,从最初的空白状态逐渐发展到如今的多元化和体系化。在课程形式方面,我们经历了从20世纪80年代仅有的单一选修课,到当前选修课与必修课并行不悖、共同发展的局面,最终形成了较完整的课程体系。在课程体系建设的过程中,我们深深体会到,丰富的教学资源是支撑这一进程的重要基石。在文科实力雄厚的综合类大学、文科类大学以及师范类大学,大学生心理健康教育课程的建设更是呈现出体系化、专业化的特点。这些大学不仅拥有更多元的课程资源,还能将心理健康教育与文科教育深度融合,为学生提供更全面、深入的心理健康教育。

二、课程教学师资队伍现状

（一）师资严重匮乏

心理健康教育课程的教学模式与心理咨询的工作方式各具特色,两者不可混为一谈。考虑到一所每年招生5000人的高校,根据《基本要求》的指导精神,为全校的大一新生提供心理健康教育必修课程显得尤为必要。如果我们按照每4个行政班（每个班级30名学生,总计120名学生）作为一个教学单元（或称为课头）来计算,那么总共需要设立约42个这样的教学单元。若每位教师能够承担2个教学单元的教学任务,那么这项教育计划将至少需要21位教师来执行。然而,在现有的师资配置中,只有3位专职的心理健康教育教师,这意味着高校还需额外选拔和配备18位教师来填补这一空缺,以确保课程的顺利开设。这些新增教师的选拔和配备问题,无疑成为许多高校在推进心理健康教育课程时所面临的主要挑战。由此可见,当前高校心理健康教育课程师资的严重匮乏,已然成为制约课程建设和发展的关键因素之一。

（二）以兼职教师为主、专职教师为辅

理论上，高校心理健康教育与心理咨询的师资队伍应高度重合，涵盖咨询、教学和活动组织。但现实中，由于专职教师有限，心理健康教育课程的师资并非完全由他们组成。那么，当前高校如何选拔和配备这支队伍呢？屈正良等人的调查显示，心理健康教育课程的师资多为兼职，专职教师不足，专业背景多样。虽然专职教师数量不断增加，但仍难以满足教学需求。成员主要包括专职教师、思政课教师、辅导员、心理学专业教师及在读研究生。其师资队伍结构主要有以下五种形式。

第一种师资队伍以思政课教师为主，以心理健康教育专职教师为辅。特别而言，有两所高校——一所省属本科院校和一所高职高专院校——采取了这种结构形式，它们在该省是较早开设心理健康教育必修课程的高校。这些高校的师资队伍主要由马克思主义学院的教师构成，他们通过在思政课之后增加相应的教学课时来开展心理健康教育课程的教学。而在其他省份，虽然部分学校将心理健康教育课程单独设置为必修课，但师资力量的主体仍然以思政课教师为主。以中南大学为例，其国家级精品课程"大学生心理健康教育"的教学团队共有22名成员，其中思想政治教育学教师8人，此外，还包括精神卫生学教师2人、心理学与应用心理学教师6人、伦理学教师3人以及其他学科教师3人。显然，在这门课程中，思想政治教育类教师的人数占据绝对优势。

第二种师资队伍以辅导员为主，以心理健康教育专职教师为辅。从数量上来看，辅导员在师资队伍中占据多数。这种结构在高校中较为普遍，随着大学生心理健康教育必修课的普及，这种师资队伍构成有望被更多高校采纳。

第三种师资队伍以心理学相关专业教师为主，以心理健康教育专职教师或辅导员为辅。这种结构多见于文科实力雄厚的综合类大学、文科类大学、师范类大学等设有心理学相关专业的高校。例如，首都师范大学的国家级精品课程"大学生心理健康"和西南大学的省级精品课程"大学生心理健康教育"的教学团队就采用了这种结构。然而，在某些高校，心理学专业教师并不承担心理健康教育必修课的教学任务。

第四种师资队伍以外聘兼职教师和心理学专业在读研究生为主，以心理健康教育专职教师为辅。这种结构在某些高校中也有所体现。

第五种师资队伍以心理健康教育专职教师为主，以兼职教师为辅。在调研的高校中，有一所部属高校采用了这种结构形式。这种结构被认为是最理想的状态，有助于高校规范化地开展心理健康教育课程教学，提高教学效果，进而更好地促进学生的精神成长和全面发展。

（三）心理学专业知识有待提升

心理健康教育兼职教师在心理健康教育课程师资队伍中占据显著的比例。这一结构的主要优势在于拥有庞大的师资储备，为课程提供了丰富的人力资源。然而，其同时存在明显不足，即兼职教师的流动性较大，且由于专业背景的限制，其专业素养相对不足。心理健康教育课程是一门综合性强、专业性要求高的课程，涉及普通心理学、发展心理学、心理咨询与治疗、精神疾病学等多个相关领域。相比之下，思政课教师的专业受训主要集中在思想政治教育等领域，而辅导员的学科背景则更加广泛，涵盖了理、工、农、医、文、史、哲等多个学科。在当前高校心理健康教育师资队伍中，兼职教师占据了相当大比重。然而，由于他们往往没有接受过系统和全面的心理健康教育知识的继续教育和培训，他们的专业素养有待进一步提高。

（四）整体机制不健全

目前各高校心理健康教育工作队伍的准入、管理、激励和评估方面依然处于起步状态。

首先，准入机制尚未完善。很多高校在招聘心理健康教育教师时，缺乏明确的招聘标准和流程，导致教师队伍的专业素质参差不齐。为了提高心理健康教育工作质量，高校需要建立严格的准入机制，明确招聘条件，确保新入职的教师具备专业的知识和技能。

其次，管理机制尚需健全。目前，一些高校在心理健康教育教师队伍的管理上还存在诸多问题，如职责不明确、任务分配不合理等。为了充分发挥教师队伍的作用，高校需要建立健全的管理机制，明确教师的职责和任务，确保他们能够有序、高效地开展工作。

再次，激励机制不足。心理健康教育教师的工作往往需要付出大量的心血和努力，但他们的待遇和职业发展机会却不尽如人意。为了激发教师的工作热情和积极性，高校需要建立完善的激励机制，如提高薪酬待遇、提供晋升机会等，让教师们感受到自己的付出得到了应有的回报。

最后，评估体系尚待完善。目前，高校对心理健康教育工作的评估往往缺乏科学性和客观性，难以全面、准确地反映教师的工作效果。为了更好地了解教师的工作情况，高校需要建立完善的评估体系，包括学生评价、同行评价等多个方面，以确保评估结果的公正性和准确性。

三、课程教学方法现状

（一）以传统课堂讲授为主要教学方法

鉴于当前高校心理健康教育师资力量的严重不足，为了确保全体学生都能接受到心理健康教育，我们不得不采取一种特殊的教学方式——大型课堂授课。这里的"大型课堂"并非传统意义上的大班教学，而是特指那些能够容纳100～200名学生的特殊教学空间，以此确保在资源有限的条件下，实现心理健康教育知识的广泛传播与覆盖。

在庞大课堂规模与有限教学时间的双重约束下，课堂讲授法无疑是最高效的教学方式。根据《基本要求》的指导，虽然提倡在心理健康教育中融合心理测试、小组讨论等多种方法，但大班教学的特性使课堂互动受到显著的时间限制。

以小组讨论为例，这种体验式教学法在小范围内能够显著提升学生的参与感和认知深度。然而，当课堂人数达到120人时，即便以6～8人为一小组划分，也需要形成15～20个小组。若仅选取其中5个小组进行全班分享，这一过程至少占据10分钟的宝贵教学时间。因此，随着班级人数的增长，任何体验式活动所需的时间都会相应增加，这无疑会对教学进度和效果造成显著影响。在教学方法的选择上，已有学者通过调研发现，课堂讲授法和案例分析法是最受教师青睐的两种教学方法。这也印证了在大规模课堂教学中，课堂讲授法因其能够在有限时间内高效传递理论知识，并允许教师有序地组织和管理课堂而成为最主要的教学方式。不过，这种方法在提供现实指导意义方面略显不足。据调查，高达32%的大学生对心理健康教育课程的教学方法表示不满。

（二）尝试采用团体训练、心理测试和小组讨论等辅助教学方法

经过深入调查研究，我们发现大学生在心理健康教育课程教学方法的选择上，更倾向于情境模拟法（20.1%）和案例分析法（18.7%），而传统的讲授法（6.8%）则相对不太受欢迎。这一结果表明，大学生更倾向于积极主动地参与课堂教学，通过亲身体验来获得更深刻的心理感悟，而非仅仅被动接受心理学知识。正如一位资深教师所言，心理健康教育课程本质上是一门注重体验的课程。因此，课堂教学方法不应仅限于单一的讲授法，而应采用心理测试、小组讨论、角色扮演、团体训练、音乐放松等多种灵活多样的教学方式。这种综合性的教学方法不仅能够激发学生的学习兴趣，还能更好地满足他们的学习需求，从而提高心理健康教育课堂的教学效果。一些有经验的心理健康教育专职教师已经开始尝试采用多种教学方法进行课堂教学，并取得了良好的教学效果。他们通过不断创新和改进教学方法，使心理健康教育课程更加生动有趣，极具吸引力，从而使学

生能够在轻松愉快的氛围中学习和成长。

在心理健康教育领域，众多专职教师展现出了对多种体验式教学方法的自信，他们游刃有余地驾驭课堂，对教学工作充满热情与积极性。这些教师不仅在课堂上表现出色，更在课外投入额外时间进行教学组织和小组管理，确保整个教学过程如行云流水般流畅，学生的课堂互动热情也随之高涨。

然而，当我们聚焦于这门课程的主要教学力量，如思想政治教育课教师和辅导员时，情况则有所不同。他们在运用专业心理体验式教学方法时感到力不从心。在教学过程中，他们因对某些专业性较强的体验式教学方法缺乏自信，更倾向于选择小组讨论或案例分析等传统方式。他们在课堂活动的引导上显得不够娴熟，难以充分激发学生的参与热情，有时在时间管理上也显得力不从心。而在对体验活动的总结上，他们因缺乏深入的专业知识而难以达到足够的深度和专业性。

四、课程教学内容现状

（一）标准化的课程教学内容

教育部办公厅颁布的《基本要求》明确指出，各高校需结合实际情况，提供心理健康教育的必修课与选修课，确保每名学生在校园生活中都能接受心理健康教育。《基本要求》详尽地将教学内容划分为三大部分，涵盖了12个核心主题，为大学生心理健康教育的教学内容提供了全面指导。其中，"提高自我心理调适能力"这一关键部分占据了7个主题，凸显了该课程的教学焦点——着重培养学生的适应能力，并通过系统的课程教授，使学生掌握一系列心理调适技巧。这不仅有助于他们应对日常的心理挑战，还能促进他们的整体心理健康。全国各高校应当严格遵循《基本要求》，编写符合标准的教材，并精心制定教学大纲，以确保面向全体大学生开展高质量的心理健康教育教学活动，为学生的全面发展奠定坚实的心理基础。

（二）课程教学内容逐渐走向正规化和专业化

为了确保《基本要求》中规定的心理健康教育教学内容得以有效实施和完成，教育部门对其课程设置提出了明确指导。首要的是，高校应将大学生心理健康教育课程列为必修课，并独立开设，此举意在将其提升至与思想政治理论课程同等重要的地位。这一举措显著地体现了政府部门对心理健康教育课程专业性的深刻认识，因为这两门课程在教学目标、内容和方法上存在显著差异。通过将大学生心理健康教育课程与思想道德修养课程的教学内容相分离，教育部门不仅凸显了心理健康教育课程的专业性和独立性，也确保了课程内容能够更准确地反映大学生的心理发展特点和规律。这一转变标志着大学生心理健康教育课程的教学内容正在逐渐走向正规化和专业化，为学生提供了更加系统、专业的心理健康指导。在查阅大学生心理健康教育系列教材的过程中，我们发现各级各类教材都普遍认同《基本要求》中强调的心理健康教育课程的专业性、学科性及其价值取向。

（三）课程教学内容采用必修课和选修课结合的方式实施完成

为了全面覆盖《基本要求》中规定的所有主题教学内容，高校必须采取一种创新的策略，即结合必修课与选修课的课程设置方式。例如，首都师范大学凭借其国家精品课程"大学生心理健康教育"，精准地把握了教学的核心，该课程涵盖了心理健康与成才发展、健康自我意识的塑造、适应与成长的策略、人际沟通与交往的艺术、情绪管理的技巧、挫折应对与意志力的锻炼、性心理与性行为的健康、大学生恋爱心理的探索、职业生涯发展规划的指引以及生命教育与危机干预的应对十个关键主题，这些主题无一不体现了《基本要求》的精髓。此外，该校还精心策划了多门子课程和专题讲座，进一步拓宽了教学的深度和广度。再如，长沙理工大学的省级精品课程"大学生心理健康"同样令人瞩目。该课程深入探讨了健康心理的重要性、自我意识的觉醒、人际交往的技巧、情绪调控的策略、恋爱心理的奥秘、性心理与性健康的探讨、应对挫折的智慧以及健全人格的塑造八个核心主题。同时，为了进一步提升教学效果，长沙理工大学巧妙地利用了学校文化素质教育选修课程的资源优势，推出了如"社会心理学""青年心理学""管理心理学""情绪心理学""普通心理学""人际关系心理学"和"人格心理学"等一系列选修课程，这些课程不仅丰富了学生的选择，也为他们提供了更加专业和深入的学习机会。鉴于高校在开设大学生心理健康教育必修课程时学时数有限，因此，选修课程成为完成全部教学内容的关键环节。

第三章　大学生心理健康教育课程建设与实践教学研究

第一节　大学生心理健康教育课程建设存在问题

一、心理健康教育尚未树立清晰正确的工作理念

高校心理健康教育课程的发展面临缓慢且充满挑战的境遇，这是多种因素综合作用的结果。一方面，存在诸如起步较晚、体系庞杂等难以立即扭转的外部现实问题；另一方面，则涉及教育执行者对课程理解不深、观念偏离等内在因素。鉴于外部条件的不可控性，我们更应聚焦于能动性的内在层面，力求通过主观努力来适应并优化现有条件，克服客观局限。深入分析制约因素，实则是为了精准把握现状，为后续的改进措施铺垫道路。据分析，当前影响高校心理健康课程构建的关键内在因素主要包括以下两方面。

（一）对大学生心理健康教育定位不准确

高校的心灵培育应聚焦于挖掘心理潜质、增强心理素养、树立正面思维及预防心理疾患，致力于构建一个以防微杜渐为核心，辅以适时疗愈的心理健康教育架构。该体系需围绕所有学子的心理福祉，强调在大学生涯中推行促进个性成熟的心理成长教育，依托心理健康课程为主渠道，启迪学生采取乐观向上、积极进取的姿态来应对日常生活中的种种境遇，确保发展导向的教育理念贯穿于学生成长的每一步。此外，以心理咨询为辅助，关注并针对个别学生的特殊心理障碍实施教育干预，是这一综合策略不可或缺的一部分。

当前高校心理健康教育领域面临的挑战在于，其重心偏向于应对心理障碍而非促进个体发展，重视补救措施而忽视预防教育的重要性。这一偏颇现象可归咎于对大学生心理健康教育目标定位得不够精准。诚然，心理咨询是心理健康教育的重要组成模块，但它既非该体系的唯一支柱，亦非全部内容。我国高校心理

健康教育的早期发展，多始于心理咨询服务，特别是旨在解决学生的现存心理困扰，这一初始导向不经意间塑造了公众的认知——高校心理健康教育几乎等同于治疗学生心理问题的工具。在学术界探讨其必要性时，通过大量数据与案例凸显大学生心理问题的严峻形势，虽有其合理性，但若过于放大心理障碍学生的比例，则不免造成误解，错误地暗示心理健康教育仅服务于存在心理障碍或人格缺陷的学生群体，而忽略了绝大多数心理健康学生同样需要关照的事实。实际上，遭遇显著心理障碍的大学生仅占学生总人数的很小比例。这一认识偏差产生了双重负面效应：一方面，心理健康教育被错误地标签化，仅与"不健康"挂钩，导致学生普遍不愿接近心理健康资源，担心寻求帮助会被视为心理异常的表现；另一方面，对于那些虽然未遭遇明显心理障碍，但在成长、学业、情感等正常生活挑战中挣扎的学生而言，他们失去了获取必要心理支持的机会，而这些日常经历对他们的心理健康状态，包括情绪管理与个性发展等，均产生持续且深远的影响。

（二）对大学生心理健康教育与德育之间的关系认识不清

审视当前高校心理健康教育实践，两种偏颇趋势跃然纸上：其一，片面夸大心理健康教育的作用，忽视学生成长中行为偏差源自世界观、人生观、价值观乃至政治观的偏离。面对学生行为问题，简单归咎于"心理问题"了事，这实则反映出一种德育工作中的推诿心态——将心理问题归咎于学生固有且难以改变的个人状况，加之心理问题非每位教育者皆能轻易干预，遂成为规避德育责任的托词。其二，将学生的一切问题机械化地归结为思想品德问题，仅从道德层面剖析，强调应然性而忽视个体现状，未能顾及受教育者的多样性和心理体验，导致心理健康教育被不当德育化。

相较于德育，心理健康教育虽与之在某层面有所交集，但两者的本质特征及教育核心则存在明显区别，这体现在理论基础、教育宗旨、传授内容及实施策略等多个维度上。

总结以上分析，要使高校心理健康教育工作顺畅推进，关键在于超越现有的认知局限。因此，需对高校心理健康教育持有明确且科学的认知视角，尤其强调其在教育特性和运作规律上与其他教育模式的区别。确立心理健康教育在学校教育体系中的恰当角色，首先需深刻理解心理素质在大学生综合素质培养中的重要性和基础性地位。

二、未建立责任明确的课程管理体制和运作机制

建立和完善心理健康教育课程的管理体系及运作机制，不仅能够确保目标清晰、职责明确、有据可依，还能有效提升学校对心理健康教育价值的认识，促进

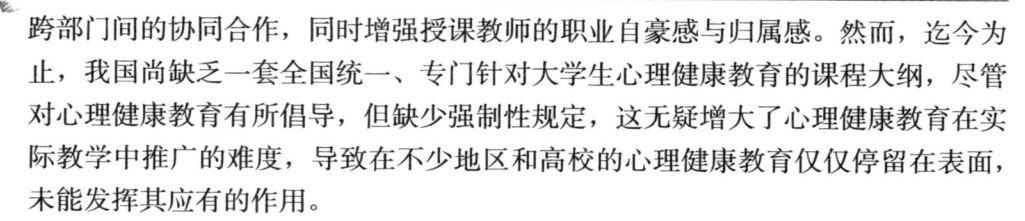

跨部门间的协同合作，同时增强授课教师的职业自豪感与归属感。然而，迄今为止，我国尚缺乏一套全国统一、专门针对大学生心理健康教育的课程大纲，尽管对心理健康教育有所倡导，但缺少强制性规定，这无疑增大了心理健康教育在实际教学中推广的难度，导致在不少地区和高校的心理健康教育仅仅停留在表面，未能发挥其应有的作用。

三、未构建独立完善的心理健康教育课程体系

长久以来，高校中的心理教育模式显得颇为单一，多数高校倾向于将心理教育简化为心理咨询的同义词。诚然，心理咨询是心理教育中不可或缺的一环和实施路径，但其难以广泛覆盖并有效缓解当前时代背景下大学生面临的日益增加的压力。仅凭心理咨询与心理辅导的手段，已难以触及并妥善解决学生群体现存的诸多心理困扰，更难以充分响应大学生日益迫切的心理健康诉求。

与此同时，心理教育课程的规范化设置在高校中尚存发展空间。当前我国高校心理教育课程大致呈现三种模式：首先，某些院校（尤其是师范教育背景的）通过心理学或教育学专业，系统性地纳入心理教育课程体系；其次，多数高校采取选修课程形式作为心理课程的开设方式，此乃现行主导实践；最后，少数高校已将心理教育设为全体学生的公共必修科目，尽管实施者少，但这预示着未来心理课程体系构建的主要走向。

第二节　大学生心理健康教育课程建设改进措施

一、加快建立权责明确的心理健康教育课程管理体制

构建一套系统化的心理健康教育课程管理体制，并将其全面展现在各职能机构前，不仅为心理健康教育工作确立了坚实的主战场，有效降低了实施难度，还因体制的完整性确保了教育行政机构、高等院校及教师角色的明确划分与职责落实。各方在明确分工的基础上，实现了既独立履行职责又相互协作的高效机制，使心理健康教育课程的建设与发展有据可依、有规可循。此外，该体制在高校内部的构建，还显著增强了授课教师的职业荣誉感，提升了心理健康教育团队的工作热情，从而为心理健康教育的深入推广注入了强劲动力。

相关部门可借鉴近年来部分高校在体制探索方面的成功经验，确立一套协作紧密、权责明确的课程管理体系和工作流程，并向全国推广。推广实施时，允许并鼓励各地高校依据自身的实际情况，对具体操作层面进行适当调整，以确保措施的适用性和有效性，但核心框架与基本原则需保持一致，实现心理健康教育工

作的连贯性和标准化。

（一）教育工作部门切实加强对大学生心理健康教育工作的领导

组建一支专业的心理健康教育专家顾问团队，旨在全力推动各高等教育机构的心理健康教育工作，从财政资金、师资力量及物资设备等多方面予以强力支援，有针对性地解决实施过程中遇到的难题与瓶颈。同时，构建一套健全的监督体系，确保各高校心理健康教育工作的稳步实施与实质成效，实现预期目标。

（二）高校加强落实对心理健康教育工作的领导

构建一个以学校党委副书记，主管学生事务的领导为领头人的心理健康教育工作领导小组，该小组同时肩负着对心理健康教育课程的教育活动给予导向与咨询建议的责任。在此架构下，心理健康教育中心被赋予了设计并实施心理健康教育课程、制定教学大纲及内容的重任，而教务处则专注课程的编排与教学活动的日常运营管理，两者协同工作，共同促进心理健康教育的有序进行。

（三）高校内部成立专门的心理健康教育课程主管部门

成立专门的心理健康教育课程主管部门，确立一套标准化的心理健康教育课程大纲与教学方案，遵循教育行政主管部门的指导意见，同时紧密结合高校实际情况，正式开设心理健康教育课程。该课程作为正规教育体系的一部分，其运行应遵循教育学与心理学的教学规律，被整合进高校的整体教学规划，明确规定学时数与学分值。采用规范的课堂教学管理框架，将心理健康教育课程纳入全校课程管理体系，制定详尽的教学进度表与课程标准，实行教学目标导向管理，并建立评估考核体系。

实践经验表明，通过制度化的方式将心理健康教育及课程建设固定下来，有助于将心理健康教育与学生德育工作有机融合，统一规划，协同解决教学实践中的各类问题，有力推动心理健康教育课程的有效实施。制度化、规范化的教学模式，不仅确保了心理健康教育课程教学各环节的严谨执行，还提高了学生对心理健康教育的重视程度，进而增强了教育的实际效能。

二、加强心理健康教育课程师资建设

（一）加强心理健康教育师资的选拔、输送、培训工作

高校在挑选专注大学生心理健康教育教师，尤其是直接参与心理咨询的教师时，要求其具备相应学历背景及专业资质认证尤为重要。如同其他学科，高校任何课程的讲师都应具备深厚的专业知识和教学技艺。考虑到心理健康教育的独特

性，即关注人的内在世界，且教育主体与内容均围绕人的自我发展，过程还需个体深度介入，以及教育对象为大学生，他们既迫切需要心理引导又充满个性，具备独立思考与批判精神，心理健康教育对教师提出了更高的要求。因此，高校选择心理健康教育人才时，除了评估其必备的专业素养，还应全面考量其综合素质，两者相得益彰，共同推动教育质量的提高。特别是非专职心理健康教育者，其超越专业领域之外的综合素质，往往能弥补专业技能的不足，进而直接影响教育成效。诸如卓越的人际沟通技巧、课堂掌控力以及应对突发情况的能力，教师本人的心理健康状态及其秉持的人生观、价值观，均会对心理健康教育工作的成效产生深远影响。这些评判指标虽难以精确量化，也不宜完全数字化，但教育管理部门和高校仍应确立一套心理健康教育教师的选拔准则，将硬性标准（例如，专业背景、学历层次、科研成绩）与柔性标准（例如，综合素质、心理工作实践经验）相结合，进行全面而深入的评估，以甄选出合适的教师人选。尽管其中包含一定的灵活性，但这绝不意味着心理健康教育工作者的选择可以草率进行。选拔的基本原则始终是"宁缺毋滥"，意即少量高质量的介入优于大量低效或不当的干预，因为不合格的心理教育者不仅无法有效援助学生，反而会给学生心理带来额外的伤害。

选拔出符合特定标准的专、兼职心理健康教育师资后，并不代表师资团队建设的终结。无论是兼职还是全职的心理健康教育工作者，均需经历一套完整而规范的培训流程，这一流程应被整合进高校教师的持续职业发展体系，并在年度工作规划和财务预算中得到体现。此类培训不仅覆盖新教师入职前的准备阶段，更要在教育实践的全周期内实现常规化与周期性。为了不断提升学生心理健康教育师资的水平，应充分利用高校现有的心理健康教育硕士及博士学位点资源，强化对高校心理健康工作人员的培养与训练。培训内容应侧重心理健康教育相关学科专业知识，并依据每位专、兼职教师的具体情况，量身定制培训方案，以达到最佳效果。

（二）规范对大学生心理健康教育师资队伍建设的管理

构建大学生心理健康教育的师资队伍，旨在实现科学化与正规化的目标，这不仅要求在人才的引进环节，包括选拔、培养及后续的再培训上做到精细与严谨，还强调了构建一个能够"留住人才"的支持体系，以减轻心理教育工作者的非教学负担。具体措施涉及在职称晋升、绩效评价、激励惩罚及薪酬福利等核心领域制定明确规范，确保心理健康教育师资队伍建设有明确的规章制度遵循。

高校应将心理健康教育教师队伍的建设融入全校教师队伍发展战略，强化从选拔到配置、培养直至管理的全过程控制。对于专职与兼职教师从事的心理辅导及咨询工作，应合理计算工作量并给予相应认可。对外聘的专业心理咨询专家，同样依据其工作量给予合理的报酬。此外,专职心理健康教育教师的技术职务评审与聘任,应纳入大学生思想政治教育教师队伍体系,而对于那些拥有教育学、心理学或医学等教研机构的高校,则可考虑将这些教师纳入对应的专业序列,以进一步优化资源配置,促进心理健康教育的专业化发展。

三、建立完善的心理健康教育课程体系

如前所述,心理健康教育课程已被视为大学生心理健康教育的核心领域。构建科学模式至关重要,该模式以系统课堂教学为主线,辅以个性化咨询,强调潜在教育资源的开发,旨在创建一个融合全面普及、重点支持、课内外互补及自主互助的全方位课程体系。

(一)发挥心理健康教育显性课程的核心作用

首先,启动心理健康教育课程项目。作为高校心理健康教育的基石与实施载体,心理教育课程是通识教育与心理辅导融合的关键模式。吸取先行者的经验和教训,显而易见,成立专门的心理健康教育机构或部门,负责规划、协调并执行统一或具有学校特色的心理健康教育课程教学计划,尤为关键。将此类课程设定为面向全体学生的必修基础课程,其广覆盖与系统性干预的优势显著。课程内容需贴合不同年级的需求,编纂配套教材,确保每名学生参与,明确学分与课时要求,并实施成绩考核,以此推动课程正规化进程。必修课的确立为教学形式与程序树立了标准,为进一步内容与效果的科学化、规范化打下基础。此外,结合必修课程,高校应利用内外部师资,增设心理健康教育选修课,以满足学生多样兴趣与需求,深化心理健康教育的内涵。

其次,采纳贴近学生日常的课程内容。借鉴欧美教育转向"学校适应学生"理念,针对学生发展阶段特性,实施分年级的"分层目标"教学,全面覆盖学生群体。课程应围绕生活、学习、职业生涯等实际问题设计,明确包含新健康观念、自我认知、人格成长、学习创新、情感教育、人际交往、生涯规划、情绪管理、压力应对、网络心理等专题,既相辅相成又独立成章,形成特色鲜明的课程体系。在此基础上,心理健康教育不仅面向大众,也特别关注并辅助少数有特殊需求学生的诊断与干预,旨在促进学生正确认知自我,提升自我调节与环境适应力,培养健全人格及优秀心理素质。

最后,革新心理健康教育的教学模式,着重于学生自我引导的学习进程。课程设计应跳出传统灌输式框架,转向自主探索与互动对话模式,融入活动课程元素,使学生能在亲历、反思中实现个人成长的内化、转译与提升。这要求师生共同参与、交流经验,在互动中引导学生倾听内心声音。教师角色转变为引导者与服务者,营造安全信任环境,鼓励学生作为学习活动的核心,通过体验实现自我

认知与塑造。因此，心理健康课程应采纳灵活多样的教学手段，如讨论分析、案例研究、角色扮演等。

践行上述原则，实现课程标准化、内容综合化及教学方法多元化，全面促进高校心理健康教育的发展。

（二）注重心理健康教育隐性课程的推动作用

显性课程直接、迅速地促进大学生心理健康，而隐性课程则以微妙且持久的方式影响其心理成熟的进程。这些隐性课程合力营造出一个促进学生心理发展的氛围，为他们提供了一个全面发展的心灵舞台，无形中塑造价值观与理想追求，让学生在日积月累的熏陶中自然而然地构建和接纳自己的心理天地。

隐性心理健康教育并非听之任之，因其效果持久且连贯，学校需用心发掘、巧妙设计与策划，使之如春风化雨，默默滋养，实现"于无声处听惊雷"的教育效果。

四、遵循大学生心理健康教育课程开展策略

（一）深化调研理解，激发学生内在动力

心理健康教育课程的核心价值在于其以学生为中心的定位，课程设计与实施始终围绕学生的心理需求。在课程启动之前，首要步骤是通过综合调研，包括问卷调研、小组讨论和一对一访谈等，结合学生年龄段与成长阶段的独特性，细致剖析学生当前在心理成长、适应性及调节方面共性与紧急的需求。这些宝贵洞察将直接指导教育内容的筛选与教学策略的定制，确保内容紧贴学生实际，教学方式生动有趣。为了提升学生的投入度与主动参与意愿，至关重要的是把握内容的实用价值与教学方法的新颖有趣。这要求教育者深入探究大学生对于心理相关活动的兴趣偏好，明晰他们对心理教育、咨询及训练形式的具体期待，随后依据每个教育主题的特性灵活调整与创新，以确保教育活动不仅满足学生需求，更能激发他们内在的学习动力与求知欲望。

（二）强化针对性，兼顾普遍性与独特性

大学生心理呈现出普遍性特征与个体差异的双重面貌，不同年级的学生面临的问题各有侧重：大一新生常遇到心理独立与环境适应的挑战，大二、大三学生则更多聚焦于学业压力与情感处理，而大四学生则倾向于面临毕业设计、升学与就业的抉择。将这些特定阶段的典型问题融入课程讲解，能使师生间产生情感共鸣，提升教学效果。"大学生心理健康教育"课程致力于解决普遍性问题，同时关注对个性差异的指导。在教学实践过程中，教师应借助心理测评、自我反思报

告、生活实践作业等工具与方法，识别和筛选出具有特殊需求的学生群体，依据其具体情况提供定制化的解决策略和自我提升指南。此外，通过小组合作、相互支持的方式，鼓励学生间互相帮助，共同探讨解决方案。对于那些在课堂上难以彻底解决或不便公开讨论的个人问题，教师应安排课后的个别咨询与持续追踪，确保每位学生的问题得到充分关注，直至有效解决。

（三）融合古典与现代教学工具，提升课程灵活性

大学生心理健康教育并非单纯的知识灌输，它是一门集知识性、互动性、体验性、实践性及自我提升于一体的实用性课程。教育者不仅要通过课堂讲授传递必要的理论知识，确保学生掌握心理学基础原理与方法，还需采取灵活多变、复合型的教学手段与形式，以增强教学的吸引力与有效性。

传统的讲授法作为经典教育方式，依然是传授心理学理论的高效途径，它能在有限时间内密集地传递信息。同时，融入现代化教育技术如音频、视频、多媒体投影等，利用其直观、形象且便于操作的特点，打破时空限制，进一步提高教学效率。此外，采用案例分析、小组研讨、心理测评、角色扮演、团队训练、自我反省等多元化教学手法，能够使心理健康教育更加贴近学生实际，鼓励学生学以致用，增强应用能力。

值得注意的是，教学方法应服务于教学目标，追求实效而非形式上的标新立异。无论采用什么手段，其终极目标皆在于促进学生自我认知的深化、激发思考、转变观念，并引导形成健康的行为模式。

（四）强调实践体验，增强心理健康教育的实际效果

大学生心理健康教育有别于其他学科教育，其核心在于学科知识的内化吸收及心理调适技巧的全面提升。从某种意义上说，这门课程更像是技能实践课，侧重于积极参与、细腻体验、深入理解以及实际操作技能的培养。体验构成了教育活动不可或缺的一环，缺乏体验，活动背后的心理教育意图就难以转化为学生的内在认知结构，导致活动流于表面，教育目标无法实现。因此，教师在策划活动时，务必确保为学生预留充足的时间与空间进行深入体验，并鼓励学生充分表达和分享体验过程中的感受。通过亲身体验，学生能够深入领悟，并在模拟的特定情境中练习产生恰当的心理反应，随后将这种有效的心理应对策略应用到现实生活情境中，逐步提升个人的心理适应与调节能力。

在实践活动课程中，教育者与学习者的全身心投入是确保教学质量的先决条件。为了让学生能够打开心扉、探索内在潜能，营造一个开放且包容的课堂心理氛围至关重要。这意味着教师需避免对学生的思维过程和观点进行预设立场的评判或约束，赋予他们自由表达的广阔天地；同时，尊重并维护学生独一无二的个

性表现与行为模式，减少外界干预，消除他们可能面临的评判压力，从而在心理层面感受到安全与自在。

众多心理健康教育从业者在实际教学探索中，将持续创新贴合学生心理特征的教学模式与策略。我们有理由相信，高校心理健康教育课程在广泛的心理教育实践、深入的理论研究支撑下，将不断进化并趋于完美，为学校的整体心理教育与辅导体系增添新的活力。

第三节　大学生心理健康教育实践教学研究

一、实践教学环节的设计原则

（一）整合必修与选修元素

实践教学模块被构想成双轨制：基础必修板块与个性化选修板块。基础必修板块旨在广泛包容，确保每位学子的参与，奠定活动普及的基石；而个性化选修板块旨在通过学生依循个人志趣所作的选择，展示心理健康教育的多元面向与深度。基础必修板块囊括两项核心活动：首项是班级为基本单位的迎新融入团队活动，旨在通过体验式学习增强新生班级内部的团结协作精神。次项则是"携手同行"活动，嵌入日常课程之中，采取两人一组的形式实施，旨在通过互助与被助的实践，加深学生对支持与合作价值的理解。个性化选修板块则丰富多样，涵盖了六项吸引力十足的活动：宿舍情境沙盘模拟、心情报创制、宣传册设计、户外心理健康快检服务、户外能力挑战拓展，以及传单发放行动。实施上，以班级为报名单位，鼓励每名学生依据个人偏好至少挑选一项活动参与，最终依据各活动报名情况均衡调整，确保每名学生都能参与到所选的实践中，实现兴趣与教育资源的最优配置。

（二）融合专业深度与趣味体验

活动设计过程精心整合了心理健康教育与咨询服务中的实践精华，旨在打造既具专业底蕴又富有趣味性的活动组合。纳入实践教学框架内的活动既包括专业指向鲜明的项目，如宿舍小组沙盘体验、精密心理测评、心情驿站等，此类活动由心理学专业研究生或经过严格培训的学生领航，侧重于引导参与者进行自我探索与深层次体验，促进个体在亲身参与中实现感知、体验与成长的闭环。同时，也涵盖了普及性广、参与门槛低的活动，诸如班级团队建设、户外素质挑战、"心语报"编辑及传单制作、志愿者心理测试服务、宣传材料分发等，这些活动因参与基数大、氛围轻松，不仅能让学生在团体互动中享受到人间温暖，还能在助人为乐的过程中产生成就感，有效提升其互助精神和社会责任感。

二、整合资源确保实践教学环节得以开展

（一）辅导员作为必修实践课程的坚实后盾

在实践教学的必修部分，特别是班级团队活动的组织实施中，辅导员扮演至关重要的支持角色。他们依据学生的课程时间表，与心理健康教育与咨询中心紧密合作，精心规划各班级活动的时间安排，全程监督活动进展，及时收集并反馈活动成效，确保每场班级活动都能有序且高效地推进。

（二）心理协会成员担任选修实践的执行先锋

至于选修部分的多样化活动，则由心理协会的各专项部门具体实施，该协会直接受心理健康教育与咨询中心的指导与支持。这意味着心理协会的成员们活跃在诸如沙盘模拟、报纸编辑、宣传资料创作及户外拓展等各种选修活动的前线，成为推动实践教育多元化和个性化的重要力量。

（三）引入校外专家引领活动质量提高

为了保障所有活动的专业水准与实施效果，心理健康教育与咨询中心特聘心理学领域的研究生作为专业指导，他们凭借深厚的专业知识，采用"培训—反馈—再培训"的循环模式，精心培育心理协会的骨干成员，确保每项活动设计科学、执行精准，从而最大化地提升活动的教育意义与实践效能。

三、两种重要的实践教学方法

（一）团体心理辅导

1. 团体心理辅导的类型

（1）发展性团体心理辅导。发展性团体心理辅导广受欢迎，尤其在成长领域。它以自我成长与完善为核心，吸引健康或有烦恼的个体参与，旨在促进自我了解、潜能发挥与自我实现。其核心理念在于人生是成长的旅程，通过克服挑战，个体实现心智成长。发展性团体心理辅导鼓励成员主动参与、自我探索，从而增强自尊和责任感，推动个人素质的整体发展。该辅导形式包括领导才能提升和自我成长团体两种形式。

（2）训练性团体心理辅导。训练性团体心理辅导专注提升人际交往能力和构建和谐关系。参与者渴望提高自己在社交场合的表现。该辅导通过团体内的行为训练，教授成员如何高效沟通、解决问题、作出决策和恰当表达意见。例如，敏

感性训练团体和社交技巧培训营都是此类辅导的具体形式。在训练性团体心理辅导中，成员们通过互动体验，增进对自我、他人和团体的理解，同时掌握处理人际关系的技巧。它有三个显著特点：一是聚焦于当前的互动和体验，不追溯过去的经历；二是重视团体活动的过程而非特定内容；三是强调真诚、尊重和有益于他人成长的人际关系。通常，训练性团体成员规模为 10～15 人。

（3）治疗性团体心理辅导。治疗性团体心理辅导旨在为那些经历特殊心理困扰的个体提供深度疗愈。这种辅导方式依托团体中的独特治疗元素，如相互支持、真挚关怀和情感的宣泄，旨在重塑成员的人格结构，唤醒他们内在的自觉意识，从而帮助他们逐步康复。例如，高校设有专门的考试焦虑治疗团体、社交障碍矫正团体等，针对各种特定的心理挑战。这类治疗团体的持续时间往往较长，因为它们所面对的问题复杂而深刻，涉及焦虑、抑郁、性心理等多方面的行为异常。治疗性团体心理辅导不仅关注解决成员当前的心理困扰，更重视深入处理过去的经验影响以及潜意识中的深层因素，这通常意味着需要或多或少地调整和优化个体的人格结构。因此，对于领导治疗性团体的专业人员，我们有更高的期望和要求。

（4）心理教育团体。心理教育团体兼具心理辅导与信息教育功能。在医院，全面了解疾病知识能提升患者感受，促进医患沟通。心理教育团体应优先考虑组员情绪需求，辅以信息需求；领导者应避免使用专业术语和过量数据，确保解说与指引具体、浅显、清晰。

2. 团体心理辅导的优势

（1）团体心理辅导影响广泛。在团体心理辅导中，每位成员都会面临多重影响源。其价值不仅在于信息的交流、问题的解决、个人价值的探索，更在于共同情感的发现。同一团体中的成员能够为彼此提供更多元的观点和丰富的资源。在这样的互动中，每个成员不仅接受他人的帮助，同时通过观察和学习其他成员的适应行为，从多角度审视自我，甚至成为支持他人的力量。当众多成员会聚一堂时，他们意识到自己的困惑并非孤例，许多人都承载着相似的困扰、担忧、想法、感受与体验。这种共鸣的体验极大地助力他们面对并克服困难的勇气。更重要的是，在团体情境中，成员们彼此支持，集思广益，共同寻求解决问题的策略，从而降低了对单一领导者的依赖，实现了自我与团队的共同成长。

（2）团体心理辅导效率高。在团体心理辅导中，成员们因共同目标而集结，极大地节省了时间和精力，并满足了日益增长的心理辅导需求。这种集中性不仅提高了效率，还通过成员间的间接学习，使每个成员有机会听到并理解与自己相似的忧虑。通过观察其他成员如何克服个人问题，成员们能从中受到启发，学习宝贵的经验和知识。

（3）团体心理辅导成效稳固。团体心理辅导提供了一个类似于真实社会生活的模拟环境，为参与者提供了丰富的社交机会。团体是社会的缩影，成员们在其中的行为往往反映了他们的日常生活习惯。在充满安全、支持和信任的氛围中，成员们通过示范、模仿和训练等方式，有效改善人际关系，培养团队合作精神。此外，他们还能在团体中尝试新的技巧和行为，并将这些技能应用到日常生活中，从而巩固心理辅导的成效。

（4）团体成员互动互助的超越性。在团体心理辅导中，在成员们实现自我肯定后，他们的思想、心态会发生深刻变化和蜕变，超越当前的困扰和问题。这种转变不仅有助于他们重新定位人生意义，还会激发他们帮助和鼓励他人的愿望。因此，团体心理辅导不仅关注个体的成长和变化，还强调成员间的互动和互助，共同营造一个充满关爱和支持的团体氛围。

3. 团体心理辅导的功能与目标

（1）团体心理辅导的功能。人是社会性动物，其行为深植于社会互动之中。通过团体进行的学习，不仅真实还极具价值。对于个人而言，了解自我、改善自我和实现自我的最佳途径往往通过团体来实现。正因如此，团体心理辅导在教育中起教育、发展、预防与治疗等作用。

（2）团体心理辅导的目标。在团体心理辅导过程中，团体目标发挥四个核心功能。首先，导向性。团体目标为整个团体活动过程指明了方向，确保领导者与成员能够共同努力，朝着既定的方向迈进。其次，聚焦性。团体目标有助于成员将注意力集中在团体主题上，避免在活动过程中偏离核心议题，保证活动的针对性和有效性。再次，激励性。团体目标能够激发成员的积极性，鼓励他们在面对困难时坚持不懈，通过共同努力实现目标，从而增强团体凝聚力和成员自我成就感。最后，评估性。团体目标为领导者提供了一个评估团体活动效果的参照标准。通过对比实际成果与预设目标，领导者可以了解活动的效果，并适时调整团体活动主题，以更好地满足成员的需求和期望。

一般性目标普遍适用于各类团体心理辅导，可简述为以下六点。促进成员自我认知，接纳自我，形成合理自我观念；学习社交技巧，增强人际关系能力，建立信任；培养责任感，提高对他人的理解和关怀；增强归属感和安全感，提升面对挑战的信心；提升独立自主及问题解决能力，应对生活挑战；澄清并调整个人价值观，促进个人成长。

4. 高校团体心理辅导的组织与实施

高校大学生身处相近的身心成长阶段，面临相似的发展问题和挑战。他们尤为重视同伴的评价，更易于接受同龄人的建议。这种特性使团体心理辅导在高校环境中具有显著的优势和广泛的应用前景。为确保高校团体心理辅导活动的有效性，我们必须严格遵循其工作原理。首先，要精准定位活动的目标与主题，确保它们能够针对大学生共同的发展需求和成长困扰。其次，设计工作方案时需科学、合理，以充分利用团体心理辅导的特点和优势。再次，在甄选团体成员时，应注重成员的匹配性和参与意愿，以构建一个积极、和谐的团体氛围。最后，做好评估工作至关重要，它能够帮助我们了解活动的成效，为后续的改进提供依据。

（1）确立团体心理辅导的核心议题。核心议题是团体心理辅导的指引灯塔，所有活动组织与实施均需紧密围绕这一中心。针对高校心理健康教育的范畴与目的，辅导议题聚焦于与大学生心理成长密切相关的领域，比如人际沟通技能（涵盖同窗、师生、家庭关系）、两性交流、情绪调节、压力管理、自我认知、自信强化、潜能发掘、职业规划、新生融入、集体团结以及学习行为改善等。确立议题的首要步骤是明确团体的特性和追求的目标。

（2）制订团体心理辅导活动实施方案。制订团体心理辅导活动实施方案是一个从明确团体特性、目标至具体主题深化的过程，旨在规划出实现既定成效的路径。在高校环境中，方案构建首要遵循的原则是高度适配性、操作简便性及高度安全性。接下来，细化工作包括挑选并构思活动环节、选定适宜场地与准备所需物资、指派合适的引导者。完成初步设计后，方案还需经由团队讨论修订，并预先演练，以期优化辅导效果，确保活动顺畅进行且成效显著。

（3）实施辅导流程。团体心理辅导工作准备就绪，接下来将迈入实质性的辅导执行环节。无论是何种主题导向、目标设定或团体规模，一个结构完整的团体心理辅导通常会分阶段进行，而每一次辅导都将历经四个（建立、拓展、深化、结束）紧密相连、相互作用的阶段，这一规律同样适用于高校环境中的心理辅导实战。

（4）评估辅导成效。团体心理辅导成效评估是一项关键流程，它涉及运用多种手段收集信息，用以全面评判辅导工作的成果。此过程旨在帮助辅导领导者与参与者共同认识辅导带来的变化，及时发现问题，总结经验教训，不断提升辅导工作的效能。为确保高校团体心理辅导项目的高效运行，组织者必须秉持操作简便、注重实效的原则，深入掌握成效评估的具体内容与技巧。

（二）课外教育活动

1.课外教育活动设计原则

课外教育活动的设计与实施应始终坚持以大学生的心理特质及其年龄段特有的行为模式为根本指引，这不仅是这类活动能够存续并蓬勃发展的根基所在，也是每一位活动策划者必须深刻理解并高度重视的基本准则。在此基础上，还需注意贯彻以下三个附加原则。

（1）层次分明与逻辑连贯性。心理健康课外教育活动的策划应当借鉴团体心理辅导的策略，确保各个环节丝丝入扣，从简单到复杂，逻辑清晰，与大学生的认知发展模式相吻合，从而帮助学生全面且深入地理解活动主旨。活动间的编排亦需体现出由易到难的过渡，无论是形式设计还是内容深度，旨在激发学生的持续探索欲。避免活动内容单一雷同，以免学生产生厌倦感，影响教育效果的达成。

（2）启迪思维与激发智慧。为了促使学生在心理健康课外活动中激发新思想，设计上必须富含启迪性，鼓励学生主动深入思考，拓宽思维边界。不仅局限于活动本身，更要引导学生将此思维方式延伸至日常生活，促进生活智慧的累积与个人感悟的深化。优秀的活动设计应能触动学生的心灵，启发他们在面对心理挑战时找到独到的见解或解决方案，这是提升心理健康教育层次与持久影响力的秘诀所在。

（3）实践参与与互动合作。心理健康课外教育活动应强调实践参与性和互动性，通过模拟场景、讨论、亲身体验等多种方式，让学生在动态参与中增强心理韧性和健康状态，同时促进个性的全面发展。活动应围绕"做中学"的理念展开，利用团队讨论、心得分享等互动形式，不仅增进师生、生生之间的沟通，也促进学生与环境的积极互动，使学生在互动交流中获得宝贵的内心体验与认知提升，这些都将潜移默化地正面引导他们的行为模式。

2. 课外教育活动设计步骤

（1）界定活动核心议题。活动的核心议题是整个活动的精髓所在。选取议题的渠道多样，既可以从心理健康教育的关键内容出发，也可以通过调研，依据学生的心理诉求来确定，或是依据学生心理发展阶段的关键知识需求来决定。关键在于，议题需贴近学生心理发展的实际情况，确保实践上的可行性。例如，某校举办的"乐学·善学·高效学——大学生学习心理引导"心理健康专题活动，其议题确立直接关联于该校当年定位的"学风建设年"，心理健康教育中心据此将该年度心理健康主题活动议题聚焦于"大学生学习心理"。此外，通过问卷调研，深入了解学生的学习心理现状，从而将活动有针对性地围绕学习动机、方法及效果等方面设计实施。

（2）明确活动目标。明确活动目标意味着清晰界定活动预期达成的最终成果，唯有目标既定且具体，方能规划行动并执行。活动目标设定需遵循清晰性、具体化和可操作性的基本原则。以"学习心理"为题的课外教育活动，其总体目标设定为——协助学生发掘自身学习潜力，提升学习效能。细化这一总体目标时，我们将之分解为：引导学生自我认知学习潜能，激发学生浓厚的学习兴趣，树立正确的学习观念与态度，促进学生学习能力的发展，培养学生良好的学习习惯与高效学习策略，以及提升学生适应并优化学习环境的能力。

（3）规划活动具体内容。活动目标的实现依托于精心策划的活动内容，内容作为目标的承载实体，构成了实现目标的基石。活动内容是构成整体活动框架的一系列具体活动单元，它们直接关系目标达成的程度。以"学习心理"为核心的主题教育活动为例，为响应总体目标，活动内容可被细分为：培养优良学习习惯与高效学习法，传授记忆技巧，激发创新思维，以及缓解考试紧张情绪。活动的根本职责在于：提升学生的学习技巧；掌握并应用高效学习策略，促进创造性思维的成长；培育学习热情与正面学习心态，激活内在学习驱动力；理性面对学习成果与挫折，树立自信心；形成良好学习习惯，助力学生解决各类学习难题。

（4）构思活动项目方案。在清晰界定活动目标与内容后，紧接着便是活动项目的具体设计。活动项目设计是对每一项具体活动内容的实施策略进行详细规划，包括确保各个项目与整体活动内容紧密相关，深入解析各项目背后的理论基础，为每个项目设定具体目标，精心安排每个项目的内容细节，以及挑选最适合的活动实施方式。这一过程确保了活动方案的针对性与实施的有效性。

第四章　大学生心理健康教育课程建设路径探讨

第一节　关于大学生心理健康教育课程建设的几点思考

为了实现高校大学生心理健康教育模式的转型升级，向更侧重服务的方向迈进，对大学生心理健康教育课程进行创新性尝试尤为重要。在此视角下，构建此类课程的目标应聚焦于深度契合并充分满足学生内在的心理需求，旨在有力推动学生的认知重构、情绪管理和行为优化，以及培养他们自尊自信、心态平和且积极向上的综合心理素质。细化到实施层面，则需在以下核心领域内精耕细作：更新教学理念以强化学生主体性和个性化学习体验；革新教学手段，融合现代科技如虚拟现实（VR）与人工智能（AI），打造沉浸互动的学习场景；优化教材内容，确保既贴近学生生活实际又富含时代特色，理论与实践紧密结合；强化师资队伍建设，不仅提升专业教师队伍的综合素质，还重视非心理学背景教师的相关培训，确保每位教育者都能掌握先进的教育理念和技术（见第三章）。总之，大学生心理健康教育课程的全面升级，需围绕服务于学生心理成长的核心，从理念到实践，从内容到团队，进行全面而深入的探索与革新。

一、教学理念应由心理健康教育向心理健康服务转变

总的来说，改进大学生心理健康教育的关键在于树立正面导向，不仅要增强学生的心理健康认知，还要精进他们的情绪管理能力，并在此基础上孕育其积极向上的心理特质。这要求我们在策略上做出根本性调整，建立一个以学生为中心、需求为导向的服务型教育体系。

（1）强化制度支撑下的课程创新。依据本校学子的具体心理诉求与学校实际情况，量身定制一套既有科学性又具系统性的教学蓝图。此教学大纲需灵活融入基于各专业特性考量的差异化教学方案，确保课程建设有章可循，有的放矢。

（2）推进课程内容的综合与深化。课程设计需聚焦于激发大学生的内在积极

心理潜能，同时，课程材料需兼顾预防性与发展性，通过多元化的内容安排，有针对性地满足不同学生群体的个性化成长需求，促进心理素质的全面提升。

（3）构建系统化的课程体系。课程安排应围绕大学全周期设计，以普及性必修课程为基础，辅以丰富的选修课程，形成覆盖整个大学生涯的知识网络，确保学生在发展的每个重要节点都能获得适时的心理支持与引导。

（4）营造积极校园文化氛围。要充分发挥校园文化的潜移默化作用，将其作为培养学生积极心理品质的重要载体。这包括但不限于构建积极的教育环境、促进和谐的师生及同学关系、倡导正面的行为榜样作用，以及加强家庭与学校之间的协同合作，共同编织一张促进学生健康成长的生态网，让每名大学生都能在这种环境中茁壮成长，迈向心智成熟与自我实现的道路。

二、教学手段应由单一型向复合型发展

在革新大学生心理健康教育的征途中，课程体系亟待从单纯的知识灌输转型升级为一个融合知识讲授、心理体验与行为训练的多元化模式。这一转型的实践路径清晰明了：采纳多元化的教学方法，鼓励教育者在课堂实践中深度融合心理学的各个维度——概念解析、理论框架、实用方法及专业工具，尤其强调运用心理评估、亲身体验活动、小组辅导和个别心理咨询等多种技术手段的综合力量。其中，心理评估扮演识别学生潜在心理行为困扰的先驱角色。多数高校选择在新生入学之际实施心理筛查，并以此为起点。授课教师可借这些筛查数据，宏观掌握班级心理健康的整体脉络，同时微观洞察每位学生的个性心理问题。然而，鉴于现有筛查工具多源于海外，其本土适用性和精确度尚存疑虑，教师应预先采取开放式问卷调研，或指导学生撰写《个人成长自述》——一篇涵盖过去经历回顾、当下自我剖析与未来展望三个维度的深度自省，以更深层次地洞察学生的内心世界。基于这些主观性资料的综合分析，教师方能精准调整教学规划，量体裁衣式地优化教学策略。至于实践活动，则旨在加深学生对心理学知识和技能的亲历体验。在传授知识的实践旅程中，融入角色扮演、情境模拟以及课堂环境动态转换等行为训练元素，能够极大加深学生对课程内涵的理解与亲身感受。充分利用高校已有的资源，如心理活动室与素质拓展中心，作为实践教学的实体平台，为学生打造沉浸式的学以致用空间。团体辅导作为心理学应用的一个重要面向，侧重于借助团队动力实现个体成长与相互支持。在课堂教学框架内，通过构建学习小组、组织竞赛交流和集体创意激发等策略，不仅能够增强团队内的沟通与合作，还充分发挥同伴间的正面影响作用，促进共同进步的正向循环。心理咨询则构成了个性化心理支持的关键一环。教师凭借倾听技巧、共情能力及建设性的反馈机制，不仅能够细腻地促进学生的个人心理成长，还能够在第一时间辨识潜在

的心理困扰，及时介入或指引专业帮助，体现了预防与干预并重原则。教学策略的演进方向，明确指向了复合型教学模式的发展，即整合教育资源、实践活动、咨询服务与预警干预功能，形成"四位一体"的高校心理健康服务体系。

三、课程教材应由统一性向组合化转变

高质量的教材是确保教学品质的基石，它们凝聚了众多专家学者的智慧结晶，对于开展高校大学生心理健康教育课程至关重要。国家级与省级的示范教材，作为权威教育资源，为心理健康教育提供了坚实的基础框架。为了更好地适应本校实际情况，高校应当积极动员拥有丰富授课经验的教师团队，对现有教材进行细致筛选，甄选最符合本校学生需求的内容，建立专属的教材推荐清单。这份清单需要随着学科进展和研究成果的更新而动态调整，保持教材内容的时效性和前沿性。考虑到心理健康教育具有明显的地域性、阶段性和针对性差异，高校在教材选用与设计上，应着重考虑三个方面。

（1）创编《教学案例集锦》。搜集并整理本校历史上发生的、与学生个人及群体密切相关的典型事例，依据教学的不同主题加以编排整合。每开启一个新的教学章节，便以叙述的形式引入身边的实例，以此来吸引学生的注意力，增强课程的吸引力。这些源自同龄人的真实故事更容易触动学生心弦，激发其共鸣与深刻的心理体验。

（2）编纂《团体活动操作指南》。依据教学内容的特性、授课进度以及校园心理健康教育的实际需求，精心设计多个团体训练模块。该指南的制定旨在标准化训练流程，为教师提供明确指导，帮助其有效地引导学生参与实践操作，增强课堂的互动性与趣味性，从而提升教学的实效性。

（3）融入中华优秀传统文化精髓。大学生心理健康教育教材的编写应融入中华优秀传统文化中关于心理健康教育的积极思想及其实现途径，让学生在传统文化的深厚底蕴与哲学智慧中陶冶情操，升华精神境界，促进人格的全面发展。

高校在教材的选择与自编过程中，必须采取"优选与自创并举"策略，确保课程内容既遵循学生心理发展的普遍规律，又切合本校学生的具体心理需求，为培养健康、全面发展的新时代人才奠定坚实基础。

第二节 基于当代大学生心理特点的心理健康教育课程建设

一、采取多样化心理教育手段

与其他学科知识传授不同，心理健康教育独树一帜，它在传授心理健康知

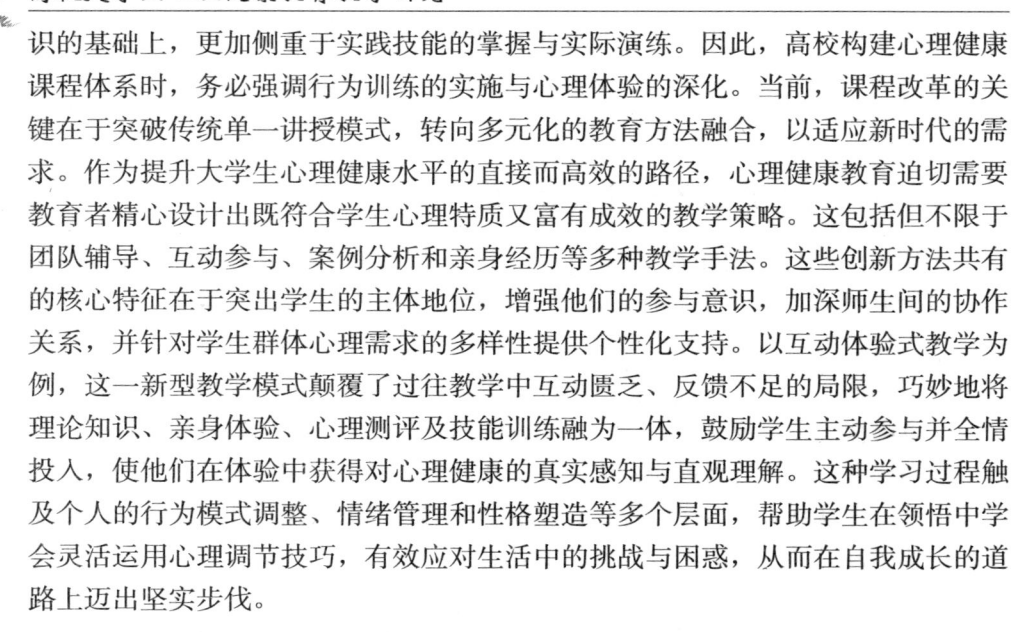

识的基础上，更加侧重于实践技能的掌握与实际演练。因此，高校构建心理健康课程体系时，务必强调行为训练的实施与心理体验的深化。当前，课程改革的关键在于突破传统单一讲授模式，转向多元化的教育方法融合，以适应新时代的需求。作为提升大学生心理健康水平的直接而高效的路径，心理健康教育迫切需要教育者精心设计出既符合学生心理特质又富有成效的教学策略。这包括但不限于团队辅导、互动参与、案例分析和亲身经历等多种教学手法。这些创新方法共有的核心特征在于突出学生的主体地位，增强他们的参与意识，加深师生间的协作关系，并针对学生群体心理需求的多样性提供个性化支持。以互动体验式教学为例，这一新型教学模式颠覆了过往教学中互动匮乏、反馈不足的局限，巧妙地将理论知识、亲身体验、心理测评及技能训练融为一体，鼓励学生主动参与并全情投入，使他们在体验中获得对心理健康的真实感知与直观理解。这种学习过程触及个人的行为模式调整、情绪管理和性格塑造等多个层面，帮助学生在领悟中学会灵活运用心理调节技巧，有效应对生活中的挑战与困惑，从而在自我成长的道路上迈出坚实步伐。

二、基于学生心理需求设计教育内容

心理健康课程的设计应当紧密贴合学生的实际心理诉求，以其成长阶段的特有规律和身心特点为出发点，采用浅显易懂的语言阐释复杂的心理学概念，使抽象的理论知识变得亲切可及，易于学生消化吸收。针对学生可能遇到的各种发展阶段的问题，课程内容编排应坚持普遍性与特殊性相结合原则，既要覆盖广泛的心理发展共性，又要兼顾个体的差异化需求。在课程体系构建上，可以采取模块化分专题教学策略，结合必修与选修课程的灵活配置，确保教育内容能够全面且精准地呼应当前大学生多样化的个人心理发展轨迹。例如，高校对于刚入学的大一新生，重点设置适应性教育、学业规划指导和基础心理素养培育课程，着重帮助他们建立适应机制、启动自我发展；大二至大三阶段，则聚焦于综合素质拓展、创新思维引导、情感智力提升及高效学习策略，致力于学生人格的全面发展与成熟；至于大四学生，则应侧重于面对考研、职业选择及就业等重要人生转折点的心理调适，强化其社会适应力和职业规划能力。此外，专题必修课程的设定应广泛征求授课教师、学生辅导员和专业心理咨询师的意见，确保课程内容既科学严谨又贴近学生实际。教师需定期收集并总结学生普遍反映的心理困惑，以此为依据不断优化整合教学资源，打造出既有深度又具针对性的选修与必修课程模块，从而构建一个既能回应学生个性化需求，又能全面提升学生心理健康素养的教育体系。

三、创建有效且科学的教学评价体系

在对大学生开展心理健康教育的实践中，过往常依赖单一的期末考查形式，这种模式下，学生因缺乏考试驱动力，无须背记心理学理论与知识，导致在心理课上的参与热情不高，部分同学甚至利用这段时间预习或复习其他考试科目，从而在实质上减少了从心理课程中汲取知识的机会。鉴于此，高校宜创新心理健康教育课程的评估体系，结合平日表现与期末成果综合评判，具体而言，平日成绩占总评的40%，涉及出勤、课堂互动提问等多维度，而剩余60%则由期末提交的专题论文构成。首先，强化课堂出勤规范，确保教学连贯性与参与度。虽然依靠教师的授课魅力激发学生兴趣至关重要，但仅凭此难以彻底遏制逃课行为，故适度引入考勤约束机制显得尤为必要。其次，课堂氛围的活跃离不开学生的主动参与，通过设置问答互动环节，不仅能有效调动学生的注意力，还能促使他们从被动接受转为主动思考。教师应当巧妙设计活动，鼓励学生多角度、多感官参与讨论，及时反馈学习状况，深化理解。最后，深入推广小组研讨模式，利用头脑风暴技巧，鼓励学生勇于表达个人观点，从多元视角分析问题，这不仅增强了批判性思维，也促进了团队合作能力的提升。例如，在探讨"情绪管理"议题时，先引导学生自我反思，分享各自的情绪调节策略，随后在小组内部交流这些方法的有效性及其利弊，最终集体讨论并总结出科学的情绪调节法，这样的过程使学习变得生动且具有实践意义。

第三节 大学生心理健康教育课程有效性评价体系构建

一、心理健康课程目标的有效性评价

大学生心理健康教育课程的目标设定位于整个教育体系的顶层，如同金字塔的塔尖，是构建课程体系的导航灯塔。它不仅明确了课程的终极追求与教学愿景，还是课程结构设计、内容选取、教学模式选择需遵循的首要原则，对整个课程编制过程发挥核心指导与监管功能，以确保所有教育活动紧密围绕这一核心目标有序展开。简言之，心理健康课程目标是教育蓝图的绘制者，决定了课程的走向与深度，是衡量课程成效的标尺，指导教学方法、评估标准的确立，确保教育实践始终服务于促进学生心理健康与全面发展的宏伟蓝图。

（一）心理健康课程目标有效性的评价标准

课程目标的整体成效主要涵盖两大方面：课程目标编制的有效性和课程目标实施的有效性。

1. 心理健康课程目标编制的有效性

首先，管理者应当明确这门课程与大学生专业培养方案及人才培养目标的紧密联系，确保在课程设计的各个环节都能体现这种衔接关系。这样，心理健康课程就能更好地服务于学生的专业发展和全面成长。其次，管理者和教师需要深入探索大学生的身心发展特点，理解他们的学习需求，同时洞察当代社会生活的实际需求以及心理学学科的最新发展趋势。最后，结合家庭、学校、社会与自然等多元化环境的变迁，科学、全面地设定课程目标。

2. 心理健康课程目标实施的有效性

大学生心理健康课程教学活动的实际成果与预先设定的课程目标之间的契合度，是衡量该课程实施有效性的核心标准。这一标准不仅反映了课程实施效果的优劣，更是大学生心理健康课程设计的初衷所在。在构建和完善心理健康课程体系过程中，它发挥关键的监控、调节与指导作用。对于课程目标实施有效性的评估，我们应以学生内在心理与外在行为发生的可观察、可测量的显著变化为依据。具体表现为：在认知层面，学生应能够掌握心理健康的基本理论和概念，深入了解自身的心理特点和性格特征，理解心理健康的标准以及心理异常的表现，学习自我调适的基本知识，进而实现全面的自我认识与接纳。在技能层面，学生应掌握自我探索的技能，学会心理调适和心理发展的方法，使自己在面对生活挑战时能够主动寻找解决方案。在行为层面，学生应能够在遇到一般心理问题时自主解决，当遇到严重的心理问题时能够及时寻求专业帮助，同时在他人遇到心理问题时也能提供必要的援助。在状态层面，学生应树立心理保健意识和心理危机预防意识，提高应对压力的能力，保持情绪稳定、心境良好，建立和谐的人际关系，并积极探索适合自己的生活方式，以适应社会的需求。

（二）心理健康课程目标有效性的维度

大学生心理健康教育课程目标的有效性评估，是指在课程启动并推进过程中，于特定时刻，教育者通过定性或定量方法，对大学生个体或集体的行为表现及其心理健康状况进行系统评判的活动。这一评估标准蕴含了时空两个层面的考量。

1. 时间向度

评估的时间框架覆盖课程执行的全周期，从课程起始直至其结束，乃至延伸至更远的未来。在课程进行的不同时间点，如中途、结课之际，或是毕业前后，无论是即刻反应还是长期效应，均被纳入考量范畴，旨在捕捉教育影响的即时性和持久性。

2. 空间维度

评估的空间范围广泛，不仅限于传统的教学空间，如教室、宿舍等校园环境，还延展到学生的家乡社区、实习实践基地乃至未来的工作场所。这意味着，评估关注的不仅是校内学习环境对学生心理健康的影响，还包括校外生活环境、社会实践及职场经历如何共同作用于学生心理健康的全方位视角。

归根结底，大学生心理健康课程的价值在于诱发学生深刻的内心体验和情绪旅程，从而实质性地提升其心理健康素质与应对能力。无论是在时间的推移中，还是在不同的环境背景下，对课程目标实现程度的考察均需融合定性和定量分析手段，全面评估学生从内心成长到行为模式改善的全过程，确保教育成果的真实性和深远意义。

二、心理健康课程主体的有效性评价

大学生心理健康课程要达成预设的目标，关键在于实施一系列积极、主动且富有成效的教学实践活动。这些活动不仅需要管理者进行周密的课程设计和管理，也需要教师精心施教，更需要学生积极参与学习。通过管理者、教师和学生三方共同努力，确保心理健康课程得以有效实施，从而达成既定的课程目标。

（一）管理者工作的有效性

管理者角色在大学生心理健康课程实践中，特指那些非直接从事教学任务的工作人员，他们直接或间接地渗透到课程的设计、执行、管理和评估等各环节，对实现既定教育目标产生直接影响或做出潜在贡献。评估管理者效能的维度主要包括四点：其一，教务及教学质量监督团队是否能紧贴国家政策导向与各学科人才培养需求，有效地指导、审查、监控并适时调整心理健康课程结构、内容、教学模式，以及细致到教学大纲、计划、方法与材料的选择与应用。其二，心理健康教育中心的团队是否能够紧密配合专业教学规划，辅助教师实施心理测评、一对一咨询、团体辅导等多种形式的教育活动，有效增强心理健康教育的实践性和针对性。其三，班主任和辅导员在指导学生专业知识学习与品德培养的同时，能否有效配合任课教师，通过细致观察与记录学生日常行为，对存在心理困扰的学生进行及时干预与辅导。其四，那些与学生日常生活紧密相连的后勤服务人员，能否在日常服务互动中，通过正面积极的态度与行为，间接增强心理健康课程的正向影响力，形成良好的支持性环境。

（二）教师教学活动的有效性

教师在心理健康教育中教学有效性的核心在于其全身心投入课程，切实推动学生心理健康成长与人格完善。评估心理健康教师教学有效性可从四个核心维度着手：一是教案审核。检查教师准备的教案是否紧密贴合课程教学大纲，评估教学目标是否明确、内容是否科学、活动设计是否有助于达成预期心理发展目标。二是现场听课。直接参与课堂，观察教师在教学过程中的态度、情绪表现，以及运用的教学技巧和创造的课堂氛围是否积极促进学生参与和心理健康学习。三是视频回溯分析。通过视频记录，细致分析教师的授课方法、内容呈现及其对学生情绪反应、态度变化和行为模式培养的潜在影响，以客观视角评估教学效果。四是学生反馈。收集学生的直接评价，了解他们对教师的教学态度、方法、内容、过程和教学风格的感受，以此反映教学活动的实际接受度和影响。此外，构建全面的心理健康教育网络，还需关注非心理健康专业教师在日常教学中能否自然融入心理健康教育元素，促进学生心理健康意识的普及与维护，这也是衡量全校教师教学活动是否有助于整体心理健康教育目标实现的一个重要指标。

（三）学生学习活动的有效性

在心理健康课程的实施过程中，大学生扮演着双重角色：既是课程的积极参与者，也是课程的受益主体。他们不仅要汲取心理健康知识，掌握相关技能，还需在实践中不断修正自我认知，调整行为模式，优化情绪管理，从而提升整体心理素质。衡量学习活动的有效性，关键在于大学生能否全身心投入心理健康课程的各个环节，与心理健康教师紧密合作，共同推进各项教学与实践活动。在此过程中，学生应认真体验、积极探索和反馈，并勇于寻求心理支持，以塑造积极健康的心态。评估学生学习活动的有效性，可以从五个维度进行：第一，学生自评，即学生对自己心理成长的各个方面进行客观评价，包括认知、情绪、意志、动机、性格等方面；第二，教师评价，心理健康教师依据对学生的观察和互动反馈，评估学生在认知、行为、态度及情绪等方面的进步；第三，管理者通过听课观察，直接了解学生在课堂上的表现，包括态度、情绪和行为等方面的变化；第四，视频观察，管理者借助视频资料，深入分析学生在课堂上的专注度和与教师的互动情况；第五，关注学校心理健康教育中心的数据，了解申请心理咨询、接受心理辅导和寻求心理支持学生的数量变化，这也是评估学习活动有效性的重要指标之一。

三、心理健康课程结构、内容与模式的有效性评价

（一）心理健康课程结构的有效性

课程结构是支撑整个课程体系的基石，它不仅联结课程目标与教育成果，还是推动课程实施活动顺利进行的指导方针。对于大学生心理健康课程而言，其结构的有效性至关重要。它体现在学科门类的合理安排、学科内容比例的平衡、必修课与选修课的恰当配比，以及分科课程与综合课程的巧妙结合等方面，这些要素共同构成了矫正、预防与发展"三位一体"的课程理念，旨在促进大学生的心理健康发展。然而，如何评估大学生心理健康课程结构的有效性，一直是学界深

入探讨的问题。基于现有的文献资料，我们可以归纳出四点判定依据：首先，课程结构需具备地区适应性。它应能够灵活调整，以适应不同地区经济文化发展的特点，从而确保心理健康教育内容与实际需求相契合。其次，课程结构需具备高校特色。它应结合不同高校的人才培养模式，体现一定的选择性，使心理健康教育更加贴近学校的教育理念和目标。再次，课程结构需体现学生个性。它应充分考虑学生的个性差异，建立和完善选修制度，为学生提供多样化的选择空间，满足他们个性化的学习需求。最后，课程结构需追求整体有序性。课程体系中的各个部分应相互关联、相互支持，形成一个有序的整体，以最大限度地发挥课程的教育功能，促进大学生心理健康的全面发展。

（二）心理健康课程内容的有效性

课程内容作为构成特定形态课程的核心要素，涵盖了学生必须学习的事实、概念、原理、技能、策略、方法、态度以及价值观念等。从教师的角度出发，大学生心理健康课程内容明确了"教什么"的指向；而从学生的角度来看，它则规定了"学什么"的范围。在课程编制的过程中，课程目标起至关重要的作用，为课程内容的选择提供了明确指导。内容的选择必须紧密围绕目标展开，确保两者的高度一致。换言之，有什么样的课程目标，就应该有与之相匹配的课程内容。

在大学生心理健康课程内容的选择上，需要考虑三个基本方面：首先，心理健康学科自身的知识体系，这是课程内容的基础；其次，当代社会的生活经验，这有助于课程内容与现实世界的紧密结合；最后，学生的个体经验，这能够确保课程内容与学生的实际需求和兴趣相契合。大学生心理健康课程的有效性，其根本在于课程内容选择的有效性。只有当课程内容选择得当，课程设置的目标才能得以实现。评估课程内容选择的有效性，可以从四个方面考量：一要评估课程内容本身的性质。这包括内容的重要性、实用性和正确性，确保所选择的内容对学生具有实际的价值和意义。二要考察课程内容是否适应现实社会与未来社会的需求。课程内容应具有前瞻性和适应性，能够帮助学生更好地应对未来社会的挑战。三要关注课程内容是否能够满足学生的需要、兴趣和身心发展。课程内容应与学生的实际需求和兴趣相契合，能够激发学生的学习兴趣和积极性。四要评估课程内容的更新是否处于一个逐步积累和推进的过程，是否与课程结构的优化相互配合、互相补充。这有助于保持课程内容的活力和生命力，确保课程内容的持续发展和完善。

（三）心理健康课程模式的有效性

课程模式是结合特定的教育理念与理论，通过深思熟虑后的结果，它不仅涵盖了教学内容的选择与组织、教学方法的确定、教学管理的实施策略，还包括教学评价体系的构建。这种模式的形成是建立在对各地经济、文化环境以及具体办学条件的深入分析与考量之上。目前，可将已有的课程模式概括为三大类：以行为主义心理学和实用主义哲学为支撑的目标模式，它强调目标的明确性和实用性；以结构主义哲学和认知心理学为方法论基础的过程模式，它注重学习过程中的认知构建；以文化分析为指导思想，依据当前学校课程结构所设计的环境模式，将社会文化因素融入课程之中。

对于大学生心理健康课程模式的有效性评估，需要从更全面和深入的视角考量。具体来说，可以从五个方面进行：一是该模式是否能够以个性化的心理健康课程结构和特定的心理健康课程功能为核心，为心理健康课程的实践提供明确的指导；二是它是否能作为一个稳固的框架，支持并促进课程基本结构的顺利转型；三是它是否能够灵活地融合目标模式、过程模式和环境模式，从而构建心理健康课程内部合理的结构和相互关系；四是它是否能够充分考虑不同心理健康水平学生的特点，促进所有大学生个体的心理成长和人格完善；五是随着学校外部环境和内部条件的动态变化，它是否能够催生新的心理健康课程类型，并逐步形成新的心理健康课程实施与管理评价范式。

第四节 MOOC在大学生心理健康教育课程建设中的运用

作为互联网与教育融合的杰出代表，MOOC不仅彰显了重塑全球教育格局的强大动力，还指示了未来教育发展的新方向。鉴于此，我们必须着眼于大学生心理健康教育的独特性，深切理解学生多元化的需求，并充分考虑高校的实际情境，通过MOOC这一创新平台，巧妙融合虚拟与实体教育的优势，构建一个全面、高效的MOOC课程体系，实现教育模式的深度整合。

一、打造教学团队

教师的角色应从传统的课程主导讲授转变为辅导与解答疑惑的核心引导者。在精心规划教学方案和执行授课任务之余，教师还需借助网络社交媒介，与学生建立紧密的沟通关系，密切关注学生的学习进程，确保课程内容能及时反馈学生需求，不断优化升级。鉴于MOOC覆盖广泛的学生群体，教师不仅需谙熟互联网环境，还需精通多媒体素材的创作与编辑技巧，这对教师的时间管理、精力分配及专业素养提出了极高要求，单打独斗显然难以胜任。因此，构建MOOC课程应汇聚校内外心理健康教育的同仁及技术专家之力，形成跨学科、跨职能的合作团队。团队结构可包含主讲教师、助教、课程顾问、辅导教师及技术工程师等角色。其中，主讲教师专注引导课堂讨论，激发思考；助教负责调研学生心理需求,梳理课程核心要点;课程顾问则主导课程内容的设计、视频录制等创意工作;辅导教师则在课后为学生提供必要的学习援助,收集学生意见,促进教学改进;技术团队则负责课程录制、在线互动平台的技术支持,确保教学顺畅进行。简言之,MOOC 的开发与教学是一项系统工程,需要团队成员发挥各自专长紧密协作,合力完成课程的制作与教学任务,共同推动心理健康教育的现代化转型。

二、教学大纲设计与视频制作

传统的课程结构通常设定每节课时长为 40～50 分钟,但心理学研究表明,人们在 10 分钟以内的注意力集中时段内学习效率最高。鉴于此,MOOC 课程视频普遍遵循这一科学规律,将单个视频长度控制在 10 分钟左右,这一时长设定虽对课程设计团队提出了较高要求,却也促进了内容的精练与高效传达。因此,设计团队在视频录制筹备阶段就必须进行周密的规划与内容设计,确保教学目标清晰,内容精要且具有针对性。这要求团队在内容安排上做到重点突出、难点明确,知识结构层次分明,每段视频应围绕一个中心议题展开,各视频之间无论是平行铺展、递进深入还是因果相连,都需逻辑清晰,便于学生理解与记忆。教学团队在视频制作前期,需基于广泛的大学生心理知识需求调研与知识点掌握情况分析,对课程内容进行深度剖析,将传统的知识架构转化为一系列问题导向的学习模块,通过问题链的方式引导学生思考。这一过程涉及对课程知识体系的拆解与重组,旨在将理论知识转化为一系列启发性问题,通过集体讨论与备课,明确视频制作的脚本与录制策略,确保每一分钟的视频内容都能精准对接学生的学习需求,最大化提高学生学习效率与兴趣。

三、教学实施

首先,开展线上自主探索学习。将心理学知识与调节技巧精心制作成数字化学习资料,供学生根据个人需求通过 MOOC 平台自主观看视频课程。学习告一段落后,学生能即时借助 MOOC 内置的社交功能提出疑问,而教师及学习伙伴将积极参与,共同解答疑惑,形成互动学习的初步环境。其次,转入线下深度互动教学环节。针对那些需激发深入思考与实践体验的内容,精心策划面对面的互动课程。主讲教师会针对 MOOC 平台上汇总的共性问题进行集中解答,并组织小组活动,引导学生进行互动讨论、实践操作。在这一过程中,教师需扮演好引导者角色,激发学生的内在探索欲,确保他们在掌握知识的同时,能够通过自我反思和实践,实现个人成长与能力跃升。

四、合理的教学评估与反馈

在发展性教育理念的引领下，个性化心理健康教育的实现面临诸多挑战。然而，MOOC 平台的运用为这一难题的解决提供了一条可行路径。通过该平台，教育者得以全面追踪学生的学习轨迹，精准捕捉每名学生的学习习惯与进步，从而实现"助人自助"的教育宗旨，即在提供必要引导的同时，激发学生的自我探索与自我提升能力。此外，MOOC 平台还搭建了一个即时反馈的桥梁，学生可以随时发表对课程内容和教学方式的看法及改进建议。这种即时反馈机制不仅缩短了师生沟通的距离，也使教学团队能够迅速响应学生的需求，持续优化课程内容与教学策略，确保心理健康教育更加贴近学生的实际需要，有效提升教学的实用性和吸引力。

这种以学生为中心、高度互动、与个性化相结合的教学模式，旨在帮助学生在获取心理健康知识的同时，培养积极向上的心态，促进其情感、认知和行为的全面发展，使之在日益复杂的社会环境中保持健康、阳光的心境，为终身发展奠定坚实的心理基础。

第五节　基于 OBE 理念的大学生心理健康教育课程建设

一、搭建基于 OBE 理念的大学生心理健康教育课程线上网络教学平台

借助教育部推动的"产教融合协同育人"项目——"优学院框架下的大学生心理健康教育课程混合式教学革新"，我们携手知名在线教育平台，共同搭建了一个先进的网络教学平台。该平台遵循联通主义教学设计理念和产出导向教育（Outcome-based Education，OBE）理念，以学生为核心，以学生的学习成果为目标，精心策划了一系列主题，涵盖了大学生心理健康、心理咨询入门、自我认知与人格塑造、学习心理策略、情绪智慧管理、人际交往技巧、压力应对与挫折韧性、性心理与恋爱观念、生命教育等关键心理健康知识板块。每个主题围绕"是什么""如何理解"以及"怎样行动"三个核心问题构建知识框架，由课程主讲教师录制精练、聚焦核心内容的视频课程，同时故意留出思考空间，鼓励学生自我探索和扩展学习，激发他们的主动性。平台定期组织线上研讨活动和教师答疑环节，鼓励学生分享自学成果和体验，教师则通过提出贴近生活的心理困境案例，引导学生换位思考并尝试探索解决方案，借此促进学生间的互相学习与启发，有效减少因知识量大而导致的在线学习兴趣减退问题，确保学习过程既充实

又充满活力。

二、打造基于 OBE 理念的大学生心理健康教育课程精品线下体验实践活动

大学生心理健康教育的核心目的在于促进学生生命的全面发展，而这不是知识传授所能完全覆盖的，更需融入学生个体的情感体验与生命感悟。为了更好地实现教育目标，即促进学生的人生观、世界观、价值观和人文素养的全面提升，课程设计团队秉承"以学生为中心"的教学理念，着重关注学生个体体验、内心感悟与自我成长，强调自我建构的重要性，通过构建师生共同进步的互动模式，精心设计了一系列线下体验活动，旨在引导学生"超越自我""主宰时间""情绪自控""逆境成长"以及"绽放生命光彩"等。这些活动，如"超越你自己"鼓励学生挑战自我设限，"做时间的主人"教会学生时间管理，"我的情绪我做主"强调情绪调节，"大学你我他"促进人际交往，"风雨之后是彩虹"培养逆境抵抗力，"爱情伊甸园"探索健康恋爱观，"让生命之花绚烂绽放"则激励自我价值实现。学生亲自参与各类精心设计的心理教育活动，让知识学习不再是静态的灌输，而转化为动态的体验。学生在亲身参与的每一个瞬间感受到心灵的触动与成长，从而在体验中深化理解，于感悟中蜕变，最终达到促进个体全面心理健康与人格完善的教育目的。

在 OBE 理念指导下，大学生心理健康教育课程设计核心目标在于明确学生实际获得的成长与成就，具体而言，关注的是课程是否成功助力学生形成健全的人格特质，并在个体成长上取得预期的进步，强调的是通过教育过程，确保大学生具备应对未来社会的多变性和不同职业领域的挑战。为了实现这些目标，课程实施上采取线上线下相融合的方式：线上部分着重锻炼学生的自主学习技巧，而线下活动则侧重于促进学生的自我反省、提升团队合作及沟通等能力的实践。

概括来说，通过将线上网络教学平台的专题内容与精心设计的线下体验课程有机结合，我们创建了一个良性循环：线下体验课程的实践反馈不仅丰富和优化了线上教学资源，同时线上平台的知识也为线下活动提供了坚实的理论基础，两者相辅相成，共同促进大学生心理健康教育课程的实际效果和应用价值的提升。这一课程体系的构建，本质上是对 OBE 理念的深化，强调以学生为中心，重视学生与教师的双主体地位，强调双方协同合作，共同促进学生问题解决能力的提升，其不仅在理论上有所拓展，更在实践中显著增强了学生的学习动力与参与度，使"大学生心理健康教育"课程实实在在成为高校培养全面发展型人才的关键一环。

第五章　大学生心理健康教育教学模式研究

第一节　教育信息化背景下大学生心理健康教育教学模式探讨

教育信息化标志着信息技术与教育教学的深度融合，旨在构建一个促进教与学的信息化环境，将以教师为中心的教学架构转为以学生为中心的模式，在此过程中，教师担当引导者角色，辅助学生实现自主探索与协同学习。在信息化时代，大学生心理健康教育课程的革新，不仅是技术在课堂的应用，还包括教师与学生角色的根本性转变：教师由课堂的主讲与知识传递者转化为引导者与组织者，而学生则由被动听众变为主动参与者。信息技术不仅丰富了教学资源，还赋能于教与学的过程，使教学更高效，学习更个性化。

鉴于课程实施过程中已识别的若干挑战及教育信息化带来的独特机遇，课程改革应当聚焦以下关键领域探索。

一、网络课程学习

鉴于课程时间约束与内容繁多的现实，精选优质网络课程作为课堂教学的辅助，能有效缓解内容饱满与课时紧张的矛盾。互联网蕴藏海量教育资源，其中包括顶尖学者联袂讲授及各大高校专业心理教师团队的精品课程，这样的多样性恰能满足学生不同的学习偏好与需求。网络课程的亮点在于其提供的名师讲堂可循环播放，学习不再受时空限制，灵活性极高。这些特质不仅适应了学生多样化的学习诉求，还可作为实体课程的有力补充，促进学生深化理解、拓宽知识视野，实现学习效果的显著提升。

在正式的线下教学开启之前，授课教师依据课程大纲精心挑选数门高质量的网络课程，并结合本校学生的心理及生理发展特征，精选出最适合的网络课程资源作为学生课前自学的材料。利用网络课程无界限的特性，学生能自主规划学习日程，灵活控制学习节奏，并可根据个人掌握情况反复复习，既适应了不同学习起点的学生，也促进了自主学习能力的培养。教师提前一周布置网络课程观看任务，学生据此自主安排时间进行预习。为了监测学习效果并促进学生自我评估，教师会基于网络课程内容构建题库，运用信息技术手段随机生成测试题，学生在完成线上课程学习后，通过特定应用程序完成测试，成绩即刻反馈给学生及教师，并计入学期平时成绩。学生借此能即时了解自身知识掌握程度，据此调整学习策略；教师则可依据测试反馈，掌握学生线上学习状况，精准识别需在面对面教学中重点讲解的知识点，实现线上和线下教学的高效衔接与互补。

二、线下课堂教学

在网络课程的预先学习中，学生初步涉猎理论基础，完成知识的"预探索"，建立起基本的概念框架。随后的线下课程则是对这一基础的深化与拓展，构成了"深度探索"的过程。教师运用多样的教学方法，不仅强化网络课程涵盖的内容，还通过丰富的互动、深入的讨论以及实践体验，引领学生达到对知识的全面理解和深度掌握，进而增强其分析和解决问题的能力。

线下课程弥补并深化线上内容，具体措施包括以下几点：

（1）针对网络课程的局限，如未含《基本要求》的异常心理、生命教育等内容，线下教学进行查漏补缺。

（2）根据学生在线学习反馈，着重讲解学生未能掌握之处。

（3）紧扣《基本要求》，对各章节核心难点进行细致解析。

（4）设立答疑时间，解决学生在线学习中产生的困惑。

（5）在理论奠基后，通过案例研讨、小组讨论、角色扮演等形式的互动学习，推动学生深入理解与应用知识。

三、信息化技术激发教学新活力

结合信息化工具的教学方式增强了课堂管控与教学质量，有效提升授课效率与课程内涵。现今，众多信息化技术已被应用于课堂签到、即时互动及快速测验等环节。签到功能通过自动化流程缩减课堂行政时间，为教师腾出更多时间专注教学核心。互动模块不仅促进师生间的即时沟通，让教师能精确洞察学生学习动态并即时解答疑问，还激励学生借助数字平台勇敢表达见解，增强了课堂的活跃度与学生的学习动力。随堂测试的数字化实施简化了评估流程，教师可直接从系统获取全面的学习数据分析，大幅减轻了教师整理数据的负担。此外，信息化技术的运用超越了传统课堂，成为学生课外求助的桥梁，他们能随时向教师请教，享受即时反馈与个性化指导。作业的布置、提交与批改亦通过电子化手段提速，同时教师利用大数据分析更深入地洞悉学生学习路径，实现"教"与"学"双方的共赢。因此，信息化技术与教育实践的融合，不仅优化了教学活动，也极大地促进了学生自主学习能力的发展。

第二节 大学生心理健康教育互动式教学模式探索

一、互动式教学在大学生心理健康教育中的适用性

现代动力系统理论在心理学中表明，人际沟通是相互作用的过程，其间影响非线性且复杂，沟通主体作为自组织实体，主动构建意义而非单纯受外界左右。皮亚杰的建构主义学习视角认为，知识获取是主体积极构建的过程，学生通过同化与顺应机制，主动将知识内化，拒绝被动灌输。互动式教学法凸显了这种沟通的双向性、自组织性及建构本质，课堂成为多方对话的场所，多元视角促进学生全面自我认知与对知识的实际应用。相较于传统模式，互动式心理健康教育更聚焦于个体差异，体现"共性心理学，个性体验"的理念，它不仅传递普遍心理学知识，还通过互动让大学生认识到自己既是"典型"又是"独一无二"的心理个体，深刻理解自身心理特性的普遍性与独特性。

因此，互动式教学在大学生心理健康教育中的应用机理可总结为：该方法根植于对大学生共性心理的理解，同时高度关注并尊重每位学生的个性差异。通过设计丰富多样的教学互动，包括灵活的教学策略促进师生间及学生间的深层次交流，极大地激活了学生的求知欲、主动性及创造性思维。这种教学模式促使学生不仅学习心理学知识，还将这些知识与个人实际情况相结合，实现从"一般知识"到"个人专属知识"的转化，即将抽象的心理学原理充分应用于个人日常生活，助力学生在实践中发掘自我潜能，促进自我提升与发展。

一些研究者也强调了互动式教学模式在大学生心理健康课程中应用的重要性和独特价值。吕斐宜指出，心理健康课程应重视学生主体地位，避免单向灌输，提倡通过师生互动促进知识的应用而非仅仅传授理论。潘柳燕等人则强调心理健康课程的实用性质，主张课程设计需侧重知识的应用和实践，这意味着教学方法应当鼓励学以致用，而非局限于理论框架。潘桂珍的观点进一步强化了这一理念，她认为心理健康教育应充分利用互动体验式教学，这种教学方式融合了时代性、科学性、创新性、针对性、实践性和实效性，旨在通过活动参与、交流沟通等互动环节，帮助学生在实践中实现自我认知与自我成长。这种模式不仅符合心理学教育的本质，即强调个体经验和情感体验的重要性，还能够更好地适应大学生的心理发展需求，促进他们的心理健康和社会适应能力的提高。

（一）形式多样的教学形式提升课堂教学效果

互动式教学手法多样，涵盖小组讨论、个人分享、案例研习、影视分析、心理测试、游戏互动、冥想与放松训练等，不仅限于传统讲授。课外，通过家庭作业、社交群组、在线平台及微电影创作等手段，进一步激发学生的主动参与热情，确保广泛吸引力。

（二）灵活多变的教学风格确保教学的实用性

教学内容与计划须紧密围绕教学目标展开，传统单向传授难以精准对接学生需求。相反，互动式教学通过师生双向沟通，实时收集反馈，使教师能敏捷调整教学计划，确保内容贴合实际，有效达成教学目标。

（三）极富个性化的师生互动、生生互动将心理学知识迁移到现实生活中

心理健康教育的核心目标是引导大学生深入理解心理学和维护心理健康的重要性，实现从"普遍认知"到"个人实践"的转变，使抽象理论成为个人生活中的实用工具。课堂教学中的互动环节充当了一个实践平台，学生在此不仅能见识个体差异，倾听多元观点，还能在实践中运用所学剖析自我、理解他人，并接受外部反馈，从而在互动与反馈中实现知识的活学活用。

（四）尊重每个大学生的独特性，最大限度地激发其能动性、建构性与创造性

每个学生的创造力与独特见解潜藏于心，关键在于恰当的激发。心理学在探索心理普遍规律的同时，深深植根于人文关怀，尊重个体差异是其核心之一。互动式教学正是体现这一关怀的生动实践，它构建了一个平等交流的场域，无论是师生还是生生之间，都能自由表达，倾听彼此，从而产生心灵共鸣。在这一过程中，大学生不仅被赋予了表达自我的舞台，更是通过全身心投入的交流激发出思维的碰撞，极大提升了主观能动性与创造力。因此，互动式心理健康教育成为催化大学生潜能释放与创新能力培养的重要推手。

（五）相信每个学生都具有解决自身问题及自我成长的能力，促进学生正视自我、完善自我

人本主义心理学和积极心理学的智慧，在互动式教学中得到了生动体现。它们认为，个体拥有自我成长和内在潜能的种子，只需合适的土壤和阳光就能生根发芽。在这种教学模式里，教师与学生并肩同行，不再是高高在上的指挥官，而是温暖的引路人和同行伙伴，携手学生深入内心深处，共探心理世界的广阔天

地，同时鼓励学生自我发现与解决问题，这犹如心理咨询的过程，强调"自助者天助之"。互动式教学如同一座桥梁，联结知识与实践，促进学生勇于面对挑战，铸就坚韧不拔的心灵。简言之，这是一种催化学生正视自我、提高自信、开发潜能、完善自我的教学艺术，为学生心灵的成长铺设坚固基石。

二、大学生心理健康课程互动式教学模式的构建

基于互动式教学在大学生心理健康课程中应用的探讨，并融入查有梁总结的系统科学三大原理（反馈、有序、整体），我们构建了互动式教学模式。此模式含师生互动与生生互动两大子系统，两者交织并存，既相互作用又保持独立，体现了互动式教学的复杂动态特性。

师生互动子系统作为自组织单元，促进教师与学生在思想碰撞中相互启迪，形成互惠互利的学习生态。同样，生生互动子系统也是自组织的，学生间的交流激发新思维，实现互助成长。这两个子系统相互作用、相互影响：生生互动在师生互动的引导下独立运行，产生特有效应并反馈给师生互动；反之，师生互动亦受生生互动影响，独立运作并反哺生生互动。此模式根植于课堂互动实践，直观展现了互动式教学的动态效益与实际成效。

第三节　体验式教学在大学生心理健康教育中的应用

一、体验式教学具体方法

一是情境沉浸法。这种方法强调教师围绕教学核心与学生心理实际，精心构建生动情境，鼓励学生全面参与，以此丰富他们的心理感知。情境设计应兼具实操性与深度，例如在大学生心理咨询模块，组织实地探访心理健康教育与咨询机构，让学生直观了解咨询流程、预约方式、保密准则等，既感知学校资源，又通过亲身体验咨询室氛围或模拟咨询，减少对心理咨询的误解与抵触。

二是角色扮演法。这种方法侧重在模拟情境中让学生扮演不同角色，通过角色间的互动与交流，深化心理体验。在角色扮演过程中，学生能够亲身体验他人的角色定位，进行角色互换和换位思考，从而更深刻地理解他人，化解内心冲突，学习应对之道，形成健康的心理品质和行为习惯。例如，在生涯规划课程中模拟面试场景，或在人际关系课程中模拟室友冲突场景，以此进行角色互动体验。

三是案例研讨法。这种方法通过教师根据教学主题精心挑选的案例或问题，营造开放、自由的讨论环境，鼓励学生积极探讨和深入分析。在讨论中，学生的

创新思维得以激发，观念得以更新，对心理健康教育知识的理解得以深化，解决问题的能力也得以提升。此法尤其适用于探索人生和澄清价值观等心理健康教育主题。

四是心理剧演绎法。心理剧作为一种心理治疗方法，通过团队成员的即兴表演，将内心的情感和事件以戏剧化的形式展现出来。在表演中，参与者能够释放难以言表的复杂情感，减少心理防御，激发创造力、自发性和想象力。通过心理剧，学生能够更深入地认识自我，形成积极、健康的行为模式。例如，《我的人生我做主》《该不该放弃她》和《拯救网瘾室友》等心理剧，让学生在扮演不同角色的过程中体验生活的多样性，加深对复杂问题的理解，培养积极的生活态度和方式。

五是团体互动法。这种方法将团体心理辅导的理念融入课堂教学，通过轻松的氛围、互动的游戏、自我探索、角色扮演和分享讨论等活动，使学生不仅能够理解心理健康教育的理论知识，还能掌握实际的心理调适技能。团体互动法为学生提供了一个实践应用心理健康教育理论的平台。

二、体验式教学具体应用

（一）创设体验的情景活动

1. 设置及应用情景体验活动

在实施体验式教学时，教师需精心规划体验活动，确保活动有序且目标明确。情景构建尤为关键，要求教师细腻捕捉学生情绪波动及营造适宜的教学氛围。这涉及深化师生沟通，教师需真诚倾听学生意见，营造积极班级文化，从而增强学习成效。情景设计应灵活多变，巧妙融合多媒体素材，如图像、音频，以丰富学习场景。例如，教师探讨亲子关系时，通过展示父爱主题的视听材料，触动学生情感，缓和其与父亲间的关系。情景创设还需彰显个性化，围绕核心主题，巧妙设计体验活动序列，由浅入深，环环相扣，确保体验式教学紧扣主题，防止偏离，从而深度促进学生理解和感悟。

2. 用案例分析进一步说明体验活动

针对大学生的人际关系挑战，教师可巧妙设计心理剧情景，让学生通过角色扮演亲历人际关系的微妙与复杂。这种沉浸式的体验不仅让表演者深切体悟角色情感，也让旁观者获得全新视角，增进对人际交往的理解与同情。例如，针对夜间宿舍电话扰眠这一普遍问题，通过模拟该情景的剧目，学生在角色互动中学会换位思考，体会到个人行为对他人的潜在影响，自发调整行为，缓解宿舍矛盾。在组织这类情感与情景表达活动时，教师务必强调艺术性与尊重并重。活动结束后，教师引导学生进行建设性反馈，同时强调维护每位参与者尊严与隐私的重要性，创造一个安全、包容的交流环境，确保情感教育活动既能解决问题，又能促进学生间健康和谐关系的发展。

教师可借助游戏分组方式，引导学生书面表达情绪，随机抽取并大声宣读，从高亢至低沉，有效调节情绪，达到教育目的。大学时期正值青春盛年，学生应展现活力与进取精神，教师需帮助他们认清烦恼无益，学会解困释压，珍惜并享受美好大学生活。

（二）交流并分享体验结果

体验活动的核心在于互动交流，它促使学生自我省察，并通过倾听他人见解获取新知，增强体验效果，深化理论实践一体化认知。这一过程强化了体验式教育的内核：学生在频繁的分享中探索个体与活动的共鸣，累积集体智慧。例如，在"我述你绘"环节后分享时，学生疑惑：尽管自认表述明晰，为何同伴绘制结果却大相径庭？反思显示，缺乏沟通导致个人依主观理解作画，从而差异显著。这说明，除了表述技巧，有效沟通更为根本。因此，教师应重视在交流环节指导学生表达和分享个人体验，以促进他们形成更加鲜明、深刻的体验认识。

小组分享是体验学习中的关键一环，教师依据学生交流动态精心分组，并指派组长负责设计交流流程，确保每位成员在有序的环境中畅所欲言。组长作为引导者，不仅规划分享的框架，还鼓励组员主动展示个人感悟与成长，营造一个包容且活跃的讨论氛围，让每个人的声音都被听见，每个人的体验都被看见。

小组讨论成熟后，精选代表向全班汇报，这一环节促进了体验的二次传播与深化理解。教师在此基础上汇总集体智慧，通过多元评价——个人自评、同伴互评及教师总评，特别是强调自我反思的重要性，构建立体反馈体系。这样的互动不仅培养了学生的批判性思维和自主性，也使分享的广度与深度得以拓展，实现了从个体体验到群体智慧的飞跃，深刻体现了体验式教学的精髓所在。

（三）体验内化与应用

体验式教学的终极目标是体验内化与应用，即引导学生将学习收获与感悟融入日常生活，搭建理论与实践的桥梁。这一过程本身也是一种体验，驱动学生在实践中持续成长与进步。

三、以心理剧课堂表演为例，在心理健康教育中开展体验式教学

心理剧课堂表演鼓励学生全身心投入，强调主动参与和人际互助，学生既是受益者也是贡献者。通过表演体验，学生会不自觉地深化对问题的理解，丰富内心体验，实现自我成长与帮助他人的双重目标。

大学生心理健康课程心理剧表演包括五个环节：一是组织小组，确定场地，

互相介绍，明确职责；二是分工，组长按成员特长分配任务，如编写剧本、准备道具等，主题围绕课堂主题；三是课外排练，包括分配角色、根据预演调整剧本、教师指导；四是课堂表演，即各小组展示；五是成长反思，包括成员交流心得、教师点评引导深度分析。此设计融合课内外，二、三环节可在课外完成。

在进行大学心理健康教育的体验式教学时，教师应根据有限的课时，精心策划教学流程。由于课堂时间紧凑，既要保障与学生之间的深刻互动，又需完成既定的知识与技能传授，这确实是一个挑战。因此，教师需要巧妙安排课程内容和心理剧课堂表演，比如利用课外时间进行小组分工和排练，将课前准备、课堂实施和课后总结有机结合。为了增加学生的参与度，教学设计中还应确保尽可能多的学生有机会参与课堂表演，以实现教学目标并丰富学生的学习体验。

心理剧本的编写与表演有三层意义：一是学术性，选取学生心理健康问题，融入教学主题，深化学生理解；二是情节性，以真实或幻想情境为蓝本，让学生扮演角色，体验不同心境；三是真实性，剧本中的问题贴近学生日常，使学生走出课堂，亲身体验并应对心理挑战。

心理剧课堂表演着重于表演者的内心体验和成长，而非舞台的正式演出。在这一过程中，师生共同参与剧本的编写、心理问题的探讨、表演的赏析与评价，使学生更深入地理解课程主题，这种互动式的学习过程赋予了课堂表演极高的教育价值。

体验式教学倡导的是学生的自我驱动学习。当教师将学习的主导权交给学生，鼓励他们自主负责学习时，教师便成功扮演了促进者的角色。教师与小组组长作为促进者，需具备强烈的责任心、奉献精神和高度的教育自觉。通过组织活动、明确职责、细化任务以及给予有效反馈，学生在小组中学会高效利用时间与资源，从而实现个人和团队的共同成长。

在心理剧课堂表演中，学生们自主设定并追求学习目标，这一活动充分展现了个性化教学的魅力。心理剧课堂表演鼓励学生发挥中心作用，尊重他们的自主决策权和学习风格，通过直观、自然、生动的形式，引导学生深入感受并体验真实情感。这一教学方法以人的生命为核心，强调生命的多维特性，如鲜活性、体验性、独立性和主体性，旨在充实学生的精神世界，激发他们的内在潜力，挖掘并培养他们的生命潜能，使他们获得深刻的内心体验。

在心理健康教育课程中，实施体验式教学并不意味着只关注技能训练，这与过度依赖课堂讲授法的理论化倾向同样具有局限性。理论化教学注重理论知识的传递和学生理论素养的提升，而技能化教学则更侧重解决心理问题和提升心理适应能力。为了达到最佳的教学效果，心理健康教育课程应当融合体验式教学法与讲授式教学法，设计既包含理论知识又涵盖实践技能的课程内容，并设定既满足当前需求又促进长远发展的教学目标。

第四节　工作坊教学模式在大学生心理健康教育中的应用

一、工作坊教学模式在大学生心理健康教育中的有效性探索

（一）注重理论与实践相结合，针对主题深入探索

大学生心理健康教育旨在强化学生的心理素质，并促进其自我心理调节能力的发展，关键在于引导学生将汲取的心理学知识深深融入内心世界，并将其转变为推动自我成长及完善的自发行动力量。在经典的教育框架里，教学多呈现为"讲师中心"的演讲形式，每节课聚焦单一主题，传授内容相对有限，侧重理论教授而忽视了实践应用的重要性。这导致学生即便掌握了丰富的理论与众多技巧，却难以将这些宝贵知识真正吸收并转化为促进个人心理健康的实际效能。相比之下，采取工作坊式的教学方法，针对每个主题展开为期六节的深入探究，不仅全面拓宽了讨论视野，还特别强调理论与实践的有机结合。该模式利用贴近学生日常生活的实景模拟活动，加强了学习情境的真实性与互动性。教师在此扮演指导者的角色，引领学生在积极参与中获得见解、内省并实施所学，从而使整个教育过程成为学生个人成长与转变的完整旅程。

（二）注重课程趣味性且符合学生身心特点

教学模式之工作坊，独到之处在于紧密围绕既定主题与教育目的，精巧构思活动内容与流程，其核心在于引领学子亲身步入情境，通过直观感知、亲身体验达到深刻理解的境地。此模式擅长复现现实生活场景，凭借高度的仿真性与吸引力，成功激发学生投身实践活动的积极性与主动性。活动设计兼顾趣味性与实用性，紧贴现代生活脉搏，既满足大学生追求新奇、勇于探索的心理诉求，又深切关注个体感受与尊严，营造出愉悦和谐的学习环境。知识传授借此生动途径自然展开，理论与实践的无缝对接使学海泛舟成为一场充满乐趣的探索之旅，学生的学习热情与兴趣得以充分点燃。在教学互动中，师生地位平等，共谋议题，通过活跃的对话与经验分享，彼此启迪，智慧碰撞，传统意义上的"讲台中心"不复存在。此法极大提升了学生的主体意识，促使他们在学习道路上更为自主、积极且具有自我驱动力，真正实现了从"被动接受"到"主动探索"的质变。

（三）以学生为中心，满足其心理需求

在这一教学实践中，高校构建了一个以学生为主体的动态学习生态系统。在

这里，体验、探讨与表达成为学习的三大支柱，学生们被积极鼓励去挖掘并分享个人见解与情感体验，甚至是在生活中遭遇的挑战与困惑，都能在与教师的及时沟通中找到引导与启示。教师担当敏锐的观察者与灵活的引导者角色，依据学生在各类活动中的实时反馈与个性化需求，不断优化调整教学方案，确保每位学生都能获得适切的关注与支持。这种教与学的模式彻底践行"以学生为中心"的理念，教师作为促进者与服务者，致力于为每个学生铺就一条个性化成长与探索的道路。

（四）形成团体氛围，促进问题的解决

于工作坊的教学情境之中，核心在于凝聚集体的力量，强调团队构建的重要性。置身团队环境，学生们会发现自己面临的难题实则是众多同伴共有的挑战，这种共鸣感自然削弱了个体的焦虑与压力。在一种充满温情、宽容、民主、安全及鼓励的团队氛围下，每位成员被赋予了开放心扉、自由表达与深度释放的空间，借由彼此间坦诚的交流互动，在无形中为心灵提供慰藉与支撑。此过程不仅促进了情感的流通，还成为知识实践的沃土，让理论学习在团队合作中生根发芽，开花结果。更进一步，团队如同一面生活的明镜，精准映照出诸如人际关系处理、情绪调节等现实世界的棘手议题，并且学生在团队的智慧与互助中找到了它们的密钥。

二、工作坊教学模式在大学生心理健康教育中的应用探索

大学生心理健康教育课程内容全面且深入，涵盖了多个关键专题，如适应校园生活、自我认知与成长、人格的塑造与完善、学习心理调适、情绪的有效管理、人际关系的建立与维护、压力与挫折的应对方法、性心理与恋爱观的培养，以及职业生涯的规划与展望等。在工作坊教学模式下，每个专题都精心安排了六次教学活动，每次活动均持续两个学时，确保学生有足够的时间进行深入探讨和实践。工作坊教学作为教学方法的核心，紧密结合了各专题的教学内容和目标，旨在通过精心策划的教学方案，让学生在互动、分享和体验中深化理解。每次活动都分体验、分享、交流和整合四个步骤进行，同时对话与沟通贯穿于活动的全过程，以此促进学生的知识内化与情感共鸣。通过这种教学方式，学生不仅能够领会心理健康教育的核心知识，掌握相关概念，还能够形成积极健康的情感、态度和价值观，从而全面提升自身的心理健康水平。具体而言，这种教学方式的建构主要体现在以下三个方面。

（一）工作坊教学方案的设计

教学内容的设计主要基于两方面的考量。一方面，严格参照课程目标的设

置,这涵盖了知识目标、情感目标以及能力目标,确保教学内容的全面性和针对性。另一方面,深入学生群体,通过问卷、访谈等多种调研方式,了解学生在特定主题下渴望获取的知识和能力,以及他们面临的实际心理困扰。这种做法旨在确保教学内容真正贴近学生的实际需求,满足他们的学习期望。

在活动设计方面,紧密结合教学主题,确保每个活动都蕴含课程希望学生学习和掌握的心理学理论和知识技能。活动是为教学服务的,旨在帮助学生更好地理解和应用所学知识。同时,注重活动情境的设计,力求引发学生的兴趣,激发他们的学习热情,使学生能够积极主动地参与其中。通过创设尽可能真实的情境,让学生在团体活动中获得具体直接的经验,从而加深其对知识的理解和应用。

(二)工作坊教学方案的实施

1. 情境体验

活动伊始,教师引导学生深入活动情境之中。通过精心设计的提问,促使学生从多个角度、多个层面观察和感知事实的发展。同时,教师引导学生意识到在活动过程中产生的个人情绪与情感体验,促使他们从对外部情境的观察转变为内心的深刻体验。在此过程中,教师需密切关注大学生的心理状态,及时记录他们在体验过程中的各种反应,为后续的交流与分享环节奠定坚实基础。

2. 分享交流

分享交流环节是课程的精髓所在。学生在此环节充分表达自我,通过表达,对感知的经验进行整理、加工和深化。这一过程不仅加深了学生对知识的理解与内化,还提升了他们的表达能力。首先是师生之间的深度交流,教师引导学生探索知识的产生过程、内涵及其应用场景,进一步加深学生对知识的理解,同时对学生的困惑进行及时疏导和点拨。之后是学生之间的交流与分享,其促进了彼此间的认同感和归属感,当观点相同时,产生了强烈共鸣;当观点相异时,则引发了思想的碰撞与融合,推动学生不断完善自我,实现成长。

3. 整合应用

在之前的分享交流中,学生获得了许多零散但珍贵的知识片段。在这一环节,教师引导学生将这些知识片段进行整合,形成系统的心理学知识体系。通过运用心理学理论进行深度思考与分析,学生形成了对生活的新认识和经验,并将这些理论与方法应用到日常生活中,并转化为实际行动。这不仅是对所学心理学理论和方法的实践检验,更是对自我成长与提升的有力推动。

在整个教学过程中,教师需充分尊重每位学生的个性特点和内心感受,鼓励学生畅所欲言。同时,教师要引导学生相互尊重,避免批评与评价,营造一个和谐、温暖、包容、安全的氛围,使整个团体朝着积极、正向的方向发展。

（三）工作坊教学模式的效果评价

在评估大学生心理健康教育的成效时，应聚焦于学生心理状态与行为模式的积极转化，这一过程需借助多元化的评价手段精细展开。这包括但不限于初期与后期的心理测评对比，学生自我反思的成长记录，同伴及师长的多维度评价，以及对学生日常行为的细致观察，以此构建一个立体全面的教学效果评估体系。尤为重要的是，教师需扮演倾听者的角色，深切关注并细致收集每位学生的反馈信息。这些反馈是教学改进的宝贵资源，驱动教师不断回顾与分析教学实践，进而从中提炼经验与启示。基于这些深入的反思与总结，教师应灵活调整教学设计方案与授课策略，以确保工作坊教学模式能够精准对接大学生心理健康教育的实际需求，促进教学内容与学生发展的深度融合。

第五节　基于翻转课堂的大学生心理健康教育精准施教模式探析

面对前所未有的全球变革，高等教育体系中的教学改革步入了一个既坚守传统精髓又勇于创新的时代，其中，线上线下相融合的教学模式成为积极探索的新路径。有效教学理论强调，在这个快速变化的时代，教育应当围绕人的全面发展而展开，致力于营造一种激励学习的氛围，激发学生内在的学习动力，并将教学成效置于核心位置，同时，高校应鼓励教师不断地进行自我反思与教学法的创新，以此作为提高教学质量的关键。随着网络媒体技术的飞速发展与广泛应用，它已不再是高等教育中的一抹点缀，而是教学中不可或缺的基本要素。高校不仅要构建先进的技术支持体系，更要引导教师主动掌握并有效利用这些技术，同时激发学生的积极参与，形成一个由技术赋能的教育生态。大学生心理健康教育的翻转课堂模式正处于这一动态演进的过程之中，其目标在于实现教学的精准投放。这一过程不仅要求深度挖掘教学特色，细化教学对象的个性化需求，而且需精心调配教学资源，确保每份资源都能精准对接学生的需求。此外，还应强化对教学成果的精准分析，通过数据分析洞察教学效果，从而不断优化和创新心理健康教育翻转课堂的实施策略。

一、精心打造教学特色

在推动大学生心理健康教育翻转课堂向精准施教迈进的过程中，精心构建教学特色是至关重要的战略支点。高校需牢牢抓住心理育人的核心环节，精心策划并实施心理健康教育的品牌塑造项目，具体策略如下：首先，综合施策，强化资源投入。将心理健康教育与专业教育、职业生涯规划、就业指导等紧密融合，根据不同年级学生的特定需求，设置以必修课为基础、选修课为补充的课程体系，确保每位学生都能接受全面的心理健康教育，实现课程的无死角覆盖。其次，双轨并行，强化师资团队建设。通过专职与兼职相结合的方式，加大心理健康教育教师的选拔与培养力度，持续开展专业培训，拓宽教师的专业视野与教育方法，不断提升教师队伍的专业素养和教育引导能力。最后，促进合作，加速资源整合。充分利用互联网平台，加快构建高质量在线课程资源库，实现优质教育资源的共享互通。同时，积极推进高水平课程建设，结合高校自身特点，创新教学模式，形成一套特色鲜明、高效实用的教学发展方案，为大学生心理健康教育翻转课堂的精准施教提供坚实的基础和强大的推动力。

二、精确识别教学对象

对教学主体的深度理解，是实现大学生心理健康翻转课堂精准教育的根基。首先，积极洞悉当代大学生的思想动态与心理演变规律，于教育实践的细微处捕捉学子的心理需求、行为导向及其独特的信息接纳与表达习惯，进而定制富含针对性的学习材料、采用易于共鸣的交流语言、采纳引领未来的教学模式，全方位促进学习成效。其次，针对不同学段、性别差异及多样化的成长背景，精心设计量体裁衣式的教学布局与策略，旨在使翻转课堂既广泛覆盖，又兼顾个性特质，最终实现教育的高精度匹配。最后，理性审视"网络世代"的双刃剑效应。面对网络社交可能延缓青年社会化的步伐、虚拟体验导致自我效能感下滑、过度依赖网络引发孤独感加剧等心理健康挑战，高校需采取有效措施，引导学生健康上网，平衡虚拟与现实，共筑心理健康防线，确保网络时代青年的心灵茁壮成长。

三、精细配置教学资源

精准配置教育资源是支撑大学生心理健康翻转课堂教学实现精细化引导的重要支柱。此过程不仅要求全面普及以覆盖学生的普遍需求，还强调针对每位学生的独特需要进行个性化补给。具体策略包含四点：首先，强化与创新教学资源库体系，这包括但不限于广泛搜集与整合图书文献、影视资料、实例分析以及心理测评工具等多维度素材，旨在构建一个能够伴随大学生全周期成长、全面满足其知识探索与心理发展需求的资源宝库。其次，多样化供给途径与手段的引入至关重要。通过灵活运用小组研讨、集体辅导、情境模拟、思维激发等多种互动形式，为学生搭建一个多元且富有实效的心理成长环境与实践平台。再次，融入智能化技术，运用先进算法对教学活动的各环节进行深度数据挖掘与分析，以此为基础实时优化课程设计、调节授课节奏与方法，这不仅增强教师在课堂上的灵活应对与指导能力，还促进师生间更高质量的互动交流。最后，精准捕捉施教良机,例如,以"5·25"心理健康日、社会热点及重要事件等为契机,开展专题教育活动,做到适时适度,犹如精心"滴灌",直接滋养大学生心理健康成长的每一个细微之处。

四、精准分析教学成果

推动大学生心理健康翻转课堂迈向更高层次的教学成效评估,是引领教育精准实施的新航标。在此进程中,不仅要求我们积极探索翻转课堂模式下实现高效施教的新路径,还意味着应对教育转型与教学质量飞跃的双重考验。具体可以从以下三方面入手:一是构建一个全方位的课程监管生态系统,强化监管力度,唤起对课程监督的高度重视,坚决阻击学界存在的"刷课"现象,确保预习阶段的学习成效扎实可靠,无遗漏,无盲区。二是借力大数据技术的深度挖掘与分析,为每位学生描绘个性化学习成效图谱,重视其在知识理解、情感共鸣及实践体验上的细微差别,并以此为契机,将原本单一的期末考核模式转变为注重日常学习进程的持续性评估,实现评价的动态化与全面化。三是精心设计一套多维度、跨视角的评价标准框架,该框架应囊括课堂互动活跃度、知识点吸收程度的量化评测,以及实践活动的质性评判,旨在融合自我评估与同伴反馈、个体表现与团队协作、理论认知与实际操作、定量数据与定性描述的多维视角,建立既关注过程也重视结果,集形成性评估与终结性评估于一体的综合评判系统,全方位促进学生的全面发展与进步。

第六章 积极心理学视角下大学生心理健康教育策略

第一节 挖掘积极心理学与大学生心理健康教育的结合点

一、积极心理学应用于大学生心理健康教育的依据

在人们的日常生活中,两种基本需求根深蒂固:一是寻求心理与行为的和谐,解决冲突、障碍和困惑;二是追求自我完善,保持心理健康,提高生活质量。这两种需求恰恰构成了心理健康教育的重要基石。正是为了满足这些需求,心理健康教育应运而生,它既回应了社会的期待,又推动了心理学领域的深入发展。

心理健康教育所面临的挑战催生了其与积极心理学的结合。正如积极心理学先驱塞利格曼所言:现代心理学已精准量化和定义了过往模糊的概念,如抑郁、精神分裂与酒精依赖。我们洞悉了这些问题如何渗透生活,以及它们背后的基因、生物化学和心理机制。我们甚至学会了如何战胜这些难题。但这一成就背后,我们付出了巨大的代价——我们似乎过于专注于解脱人类的痛苦,而忽略了如何在优渥环境中引领人们迈向幸福。实际上,心理学的终极使命之一便是助力人类实现更幸福的生活,许多心理学家也在此道路上不懈探索。正是基于这样的理论深度与现实需求,积极心理学的理念与大学生心理健康教育得以紧密结合,为大学生们提供了坚实的理论与现实支撑。

(一)积极心理学与大学生心理健康教育相结合的现实依据

首先,谈及心理健康教育目标,我们不难发现一种显著的失衡。在实践过程中,多数高校主要聚焦于心理问题的防治,却忽略了对学生潜在能力的挖掘和积极心理素质的培育。

其次,从教育内容层面审视,现有的心理健康教育与广大学生实际需求之

间存在显著差异。事实上，70%～80%的学生心理状态良好，他们更渴望提升个人的积极心理特质，而不只是学会被动地处理心理问题。此外，社会对人才的需求也已超越仅仅要求无心理疾病，而是更看重那些拥有积极心理品质的人。

最后，从价值取向的角度来看，当前的心理健康教育往往持有一种消极的态度，过分关注心理问题和障碍的解决，却忽视了其积极的引导价值。这种取向缺乏对学生积极心理品质培养的深刻认识，从而在一定程度上削弱了预防心理问题的根基。

尽管以解决心理问题为目标的心理健康教育取得了一定成效，但它也陷入了教育发展的困境，难以充分发挥其全面提升学生心理素质的潜力。这种困境的根源在于对积极心理品质培养的忽视，从而削弱了学生预防心理问题的基础。积极心理学的引入为这一领域带来了转机。它独特的关注视角极大地改变了现状，为心理健康教育注入了新的生机与活力，引领我们重新审视和构建更加全面、均衡的心理健康教育体系。

（二）积极心理学与大学生心理健康教育相结合的理论依据

积极心理学的理念正引领高校心理健康教育目标的深刻转变。它秉持以人为本原则，将培养积极心理品质置于核心地位，强调个体潜力的挖掘和对幸福生活的追求。这种理念不仅聚焦于人的全面发展，还致力于促进人与社会的和谐共生。在积极心理学的启迪下，高校心理健康教育正逐步回归其本质目标，即激发学生的内在力量，培养他们的积极品质，包括强烈的归属感、责任感，以及出色的社会适应能力和良好的心理状态。

积极心理学对个体积极力量的深入研究，使心理健康教育的内容更加贴近学生和社会的实际需求。当前，积极心理学主要聚焦于积极情绪、积极体验以及积极人格特征等方面，它以开放和包容的态度看待每一个个体，通过挖掘和培养人内在的积极力量，帮助人们过上健康、积极、幸福的生活。这完全符合个体发展的内在需求。

积极心理学倡导以积极的方式解释问题，鼓励个体从中汲取积极的意义。这种理念对高校心理健康教育的干预目标产生了深远影响。它促使教育者和受教育者以积极、理性的态度面对自己的行为、观点和问题，从而在面对挑战和失败时能够保持宽容和乐观，从中获得成长和进步。积极心理学对消极心理学的批判与继承，为心理健康教育摆脱困境提供了新的思路，也为心理健康教育的各要素和目标的整合提供了可行途径。

二、构建大学生积极心理品质培养体系

（一）培养学生积极的人格特质和心理素质

积极心理学致力于培育个体的积极人格特质与积极心理素质。

（1）训练学生形成积极思维，塑造积极品质。将积极心理特质的培养置于核心地位，通过讨论交流，引导学生形成积极思维模式，并自然融入优秀人格特质。

（2）专注于价值观等方面，培育积极心理特质。学校组织性格活动，明确性格特质，并制成海报展示于校园。同时，通过校园网络讲解性格词语，促进师生深入讨论。

（3）以"爱"为出发点，提升学生心理素质与实践能力。利用感谢信、爱心救援等活动，引导学生发展积极心理特质。

（二）构建积极的心理健康组织系统

积极的社会组织在积极心理学中占据举足轻重的地位，它既是人格特质培养的基石，又是个体积极体验的源泉。这类组织广泛涵盖国家、企业、家庭及学校等，其中学校的作用尤为显著，因此，其应致力于营造优质的教学氛围。研究指出，大学生更多地从家人和朋友那里获得认可与支持，相比之下，教师的认可较为有限。基于积极心理学，构建积极的外部环境和组织体系至关重要，这包括积极的个人环境和组织体系。一个稳定的组织系统对于大学生心理健康的发展具有决定性作用。

（三）采取积极的心理干预策略

积极心理学倡导构建高效的心理治疗方案，这些方案以积极心理学的核心理念为基础，旨在引导个体专注培养积极心理特质，从而突破心理疾病的束缚，预防心理问题的产生。

（1）在校园内构建心理危机防范机制，以班级中的班委、舍长及党员为核心，建立心理危机的预警系统。借助积极心理学的理论，充分发挥学生朋辈的作用，特别是在心理危机预警方面，主动关注每位学生的心理状况。

（2）实施积极心理治疗方案。例如，鼓励个体专注享受美好的一天、进行数祝福训练以及记录好事等活动。这些练习旨在促使个体深入思考并识别使自己感到幸福的事件，增强个体对积极事件的认知和理解。

（3）基于积极心理学原理制订心理弹性干预方案，旨在提高学生的心理韧性。通过调整学生的认知思维，降低他们出现心理问题的可能性。

（4）发挥积极心理学辅导团队的作用，在特定情境中引导并辅助个体获得更

深刻的心理体验。通过团队的引领，学生可以更好地理解和应用积极心理学的原理，从而促进他们的心理健康发展。

第二节 完善与创新大学生心理健康教育模式

一、完善与创新大学生心理健康教育模式的原则

（一）全方位原则

高校心理健康教育应探索全方位的创新模式，确保教育模式与学生实际紧密结合。在实施过程中，不仅要针对学生的具体需求提供精准教育，还应积极寻求与兄弟院校和社会机构的合作，以建立一种相互支持、资源互补的协同教育机制，共同推动学生心理健康的全面发展。

（二）理论与实践结合原则

高校在创新大学生心理健康教育模式时，必须遵循理论与实践结合原则。这要求高校不仅要深入分析具体的心理辅导和教学过程，还要运用先进的教育理论指导实践。同时，通过实践活动不断检验和完善理论，确保教育模式的科学性和有效性。

（三）以学生为中心原则

高校在创新大学生心理健康教育模式时，应坚持学生主体性原则。这意味着在教学过程中，应充分尊重学生的主体地位，发挥他们的主动性和创造性。教育者应尊重学生的个性，关心学生的需求，加强与学生的互动和沟通，确保大学生心理健康教育能够真正促进他们的健康成长。

（四）可持续发展原则

可持续发展原则强调在大学生心理健康教育过程中，要关注大学生的长远发展。这要求高校结合大学生的身心发展规律，采取科学合理的教育措施，全方位提升大学生的心理素质。具体来说，就是要注重培养大学生的认知能力、情感品质、个性特质以及社会适应能力，确保大学生心理健康教育的可持续发展。

二、完善与创新大学生心理健康教育模式的有效路径

（一）整合教学目标，大力扩展教学内容

传统心理健康课程往往以心理问题为导向，聚焦于少数有心理困扰的学生，

导致服务对象的范围相对狭窄。为了更加全面地满足学生的需求，高校有必要对传统心理健康教育模式进行革新。高校应摒弃以预防心理疾病为主要目标的旧有观念，转向积极心理学的视角，将重心放在培养学生积极的心理品质、发掘学生潜能上。在关注那些已出现心理问题的学生的同时，高校也应将目光投向全体学生，重视大多数学生心理问题的预防工作，并努力培养他们的积极心理品质。高校也应改变以往教学内容中过分强调心理问题、心理疾病知识的现象，因为这种教学方式让学生感到压抑，难以树立正确的心理健康观念。

近年来，调查结果显示，学生在遇到心理问题时不愿主动寻求心理咨询，部分原因是他们错误地认为心理咨询只适用于心理疾病患者。这种观念的形成，或许与过去以消极内容为主的心理健康课程有一定关联。因此，我们提倡建立以积极心理学为主导的心理健康课程，以满足大多数学生的实际需求。这样的课程应着重培养学生自信心的建立、人际关系的优化以及创新能力的探索。这样的改革不仅有助于学生更好地解决问题、提升自我效能感，还能帮助他们树立科学的心理健康观念，从而更加积极地面对生活中的挑战。

（二）加强大学生心理能力训练

在心理健康专业教师的悉心指导下，大学生积极自主地调整和优化自己的心理状态与行为，从而在认知、情感、意志、人格等各个维度上实现心理素质的全面提升。这种锻炼过程包含团体活动，如社团活动、心理拓展、潜能训练和深入的团体讨论等。

为了塑造健康的心理状态，高校首先要培养大学生的积极情感体验。教育工作者应巧妙引导大学生发现学习生活中的美好瞬间，点燃他们内心的积极情感，使之持久地保持积极乐观的态度。这不仅能提升大学生的心理韧性，增强他们应对压力的能力，更能为他们带来深深的幸福感，促进他们全面而均衡地发展。

大学生的人格特质是他们看待世界、处理问题的独特方式，也是他们人生观和价值观的基石。因此，在积极心理学的指导下，高校的心理健康教育应致力于培养大学生积极的人格特质。我们希望教会他们如何以更轻松、更有趣的方式应对问题，如何在困难和挑战面前保持积极的心态，坚守自信、乐观和豁达的生活态度。

（三）指导大学生心理朋辈互助

心理朋辈互助教育模式在大学生心理健康教育中占据举足轻重的地位。这种模式依托那些经过专业技能训练的心理互助学生，他们在专业心理教师的指导下，深入同学群体并开展互助活动。这些活动不仅限于课堂，更通过设立班级心理委员、定期举办学生心理沙龙、建立线上心理互助讨论群等多种形式,为学生们提供一个深入交流的平台。在这些活动中,学生们能够分享自己的情感、困惑和体验,引发思想和情感上的高度共鸣。这种共鸣不仅增强了学生们的归属感和凝聚力,更激发了他们的生活热情,促使他们更加积极主动地面对学习和生活中的挑战。为了确保心理朋辈互助活动能够取得预期效果,高校应建立相应的工作机制,并为其提供必要的经费支持。同时,还应安排心理专业教师定期对参与互助的学生进行心理健康知识和技能的培训,确保他们能够在活动中发挥积极作用,为同学们的心理健康贡献自己的力量。

三、积极心理健康教学模式的建构与实施策略

在积极心理学的指导下,我们提出并建构了一种针对大学生的心理健康教育教学模式。该模式基于大学生的身心发展特点,以内在向善性为核心理念,运用积极导向的教学内容、方法和手段,旨在培养学生个体的积极心理品质,从而有效预防心理问题的发生,促进大学生的身心和谐与全面发展。这一模式的建构不仅借鉴了经典心理健康教育模式的经验,还紧密结合了积极心理学研究的最新发展趋势,构建了一个积极心理健康教育的基本体系。它强调以学生的积极心理品质培养为核心,关注学生的内在需求和成长动力,通过积极的教学内容和方法,激发学生的积极情感,提升他们的心理韧性。

为实施这一模式,我们采用了对分课堂的形式,将"积极体验式"教学模式引入心理健康教育课程教学中。这种教学模式强调学生的参与和主导,鼓励他们在教学过程中讲授、主导和解决实际问题。通过这种方式,我们能够将传统的心理健康教育课程教学中的问题取向转化为积极取向,使所有学生都全身心投入并受益。在对分课堂中,"积极体验式"教学模式的运作遵循"认知为先导,情感为体验,活动为载体"的情境教学方式。具体来说,教学流程包括:导入情境以激发学生的兴趣,强化体验以深化学生的感受,小组讨论以促进学生之间的交流与合作,相互质疑以培养学生的批判性思维,澄清疑虑以消除学生的困惑,建构知识以形成学生的知识体系,最后回归实践以提升学生的应用能力。

这种将积极心理学与体验式心理健康课程相结合的教学模式,能够引导学生主动构建内在积极的心理表征,将所学知识转化为生活智慧。它不仅有助于提高学生的心理健康水平,还有助于培养他们的积极人生态度和价值观。

第三节　增加大学生的积极情绪体验

一、积极情绪体验的内涵

积极情绪体验这一概念之所以存在争议，是因为人们对"积极"这一概念的理解存在多样性。一部分人秉持直观的观点，认为积极情绪体验就是那些带来愉快和快乐的情绪状态。例如，拉尔森和狄纳在1992年的《人格与社会心理学的回顾——情绪》一文中就明确指出，积极情绪是那些具有正向价值的情感体验。然而，心理学界还有另一种声音，他们认为积极情绪的定义不应仅限于其带来的价值感受，而应更侧重它如何影响人的行为。这些心理学家认为，积极情绪是那种能够激发人们产生接近性行为或行为倾向的情感状态。换言之，当某种情绪促使个体趋向于与情绪对象产生接近性行为时，这种情绪就被视为积极情绪。按照这种定义，一些看似中性化的情绪，如兴趣，虽然不直接带有明显的价值标签，但因其能促使个体产生接近性行为，所以被归类为积极情绪。相反，一些具有正向价值的情绪，如满足和放松，虽然能带来愉悦感受，但如果它们不能激发人们的接近性行为，那么按照这一标准，它们就不能被视为积极情绪。这两种对积极情绪的理解都有其合理之处。前者强调情绪的价值属性，便于我们与日常经验相联系；后者则注重情绪在行为层面的影响，更易于在心理学研究中得到操作和应用。本书倾向于采用后一种定义，即强调积极情绪在激发接近性行为方面的作用。这也是当前心理学研究的一个主流趋势，即将所有能够引导个体产生接近性行为或行为倾向的情绪视为积极情绪。

二、增加大学生积极情绪体验的途径

个人的行为倾向通常分为逃避和接近两种，而这两种倾向与我们所体验的情绪密切相关。当个体处于消极情绪时，其思维和行动往往受限，容易表现出封闭自我、逃避现实等行为。然而，一旦个体受到积极情绪的影响，这种封闭和逃避的态势便会被打破，取而代之的是一系列有助于个人成长和发展的积极想法与行为。积极情绪的力量在于，它不仅能帮助个体打破消极的思维和行为模式，还能在个体实现真正成长后，进一步催生更多积极情绪，形成良性循环。对于大学生而言，对积极情绪的体验尤为重要。它不仅有助于大学生更好地应对学习和生活中的挑战，还能促进他们积极品质的形成，为未来的成长和发展奠定坚实基础。

因此，大学生心理健康教育应当注重发现并提升大学生的积极情绪体验，帮助他们建立健康、积极的心态，以迎接人生的每一个阶段。

（一）提升大学生幸福感

主观幸福感在积极情绪体验中占据核心地位，是衡量大学生心理健康状态的关键因素。因此，积极培养大学生的幸福感显得尤为重要。首先，参与活动是促进大学生积极情绪体验的有效途径。高校应该积极创造条件，引导学生们参与各类活动，让他们在参与中感受乐趣，积累积极体验。同时，鼓励大学生多为团体和社会付出，这样他们不仅能体验到帮助他人的喜悦，还能在团队中产生归属感和幸福感。其次，高校应引导学生经常性地体验积极情感。生活充满变化和挑战，但只有当一个人积极情绪体验多于消极情绪体验时，他才能真正感受到幸福。因此，心理健康教育工作者应鼓励学生勇于尝试新事物，感受快乐，并鼓励他们创造更多积极实践的机会，从而提高积极情绪体验的总量。最后，高校需要让大学生明确自己的真正需求。人的需求满足与否直接影响情绪状态。当需求得到满足时，个人会产生积极情绪；反之，则会产生消极情绪。因此，我们应该帮助学生认识到自己的真实需求，并鼓励他们通过积极行动去满足这些需求，进而促进积极品质的形成和幸福感的提升。

（二）培养大学生的乐观态度

高校要培养学生积极地看待和解释过往经历，无论是积极体验还是消极体验，都应被视作成长道路上的宝贵财富和经验。这种积极的心态有助于大学生形成乐观向上的品质，增强面对困难和挫折时的抗挫能力。首先，高校应该引导学生认识到，过去事件的发生既有内在因素的作用，也有外在因素的作用。让学生理解，一些事情的发生并非完全由自己掌控，而许多小概率事件往往是由于外部因素或临时的不确定因素导致的。这样的理解能够帮助学生以更客观和宽容的态度看待自己过去的经历。其次，当学生遇到消极事件时，如期末考试分数低导致情绪低落，心理健康教育工作者应及时介入，引导学生进行自我反思和辩论。通过与学生一起分析原因，如题目难度、考试当天的身体状况等外部因素，帮助学生认识到这些并非他们自身能力的体现。这样的过程能够帮助学生纠正消极信念，减少自责和焦虑，更快地走出消极情绪。最后，高校应该鼓励学生以积极的态度面对未来。让他们明白，每一次的挫折和失败都是成长的机会，都是通往成功的必经之路。高校应培养学生的积极心态，让他们对自己充满信心，勇于挑战未知，从而在人生的道路上不断前行。

（三）树立大学生的希望观

大多数当代大学生有清晰的规划和未来憧憬，但仍有部分大学生表现出消极、迷茫和颓废。这是因为他们缺乏明确目标，对当前生活不满。心理健康教育工作者需针对这部分学生，提高他们对未来价值的认识，协助他们设定合适目标，并体验达成目标后的积极感受。同时，挖掘其潜力，鼓励他们持续努力，培养积极品质，以促进其心理健康，助力其成功。

第四节　加强大学生心理健康教育师资队伍建设

在高校心理健康教育中，教师作为联结学生与学校的桥梁和关键媒介，其队伍的建设至关重要。

一、强化师资的专业理论与心理咨询技能

在心理健康教育调查中，部分学生对教师的专业性产生疑问，特别指出部分心理健康教师并不具有心理学专业背景。因此，心理健康教师和咨询中心教师需要强化专业素养和技能。他们不仅要深入学习当前心理健康教育的新发展趋势，还应积极掌握积极心理学的理论与实践，确保教学工作不仅关注学生的消极层面，更能以积极、正面的方式引导学生，更好地实现学校的积极心理健康教育目标。

二、培养教师积极的工作心态

人民教师承载着教书育人的崇高使命，他们的言行对学生产生深远影响。为了更好地履行这一职责，教师首先需要培养自己的积极品质。教师也是普通人，同样面临困惑与挑战，面对挫折时也会产生消极情绪。因此，对于高校和教师而言，有以下几方面要求：从高校角度出发，校领导应坚持"以人为本"的理念，在关心教师工作的同时，深入了解他们的心理需求，努力改善工作环境，并为有需要的教师提供经济上的帮助和支持。同时，学校应将积极因素融入教师的心理健康教育，使教师同样能体验到积极心理的力量，从而更好地服务于学生。在教师的心理健康教育中，应着重挖掘和培养他们的积极力量，增加其积极体验，使教师能够在工作中产生成就感，感受到快乐。

从教师自身来看，他们应具备良好的情绪管理能力，不断提升自我。通过参加心理学研讨会、阅读相关书籍等方式，教师可以丰富自身的知识储备，提高专业素养。同时，教师应积极与学生沟通，了解学生的心理健康状况以及他们对课堂教学的反馈，以便更好地调整教学方法和内容，使心理健康课程更加贴近学生

的实际需求。

三、融洽教师与学生之间的关系

在传统心理学背景下，心理健康教育中的师生关系往往呈现为单向的知识传授与接受，教师在解决学生心理问题时起主要作用。然而，在积极心理学的理念下，这种关系得到了重构。在积极心理学的指导下，教师和学生被视为平等的学习者，共同探索与成长。教师是学生的引路人，而学生是教师的启发者。师生间不再是简单的传授与接受关系，而是相互学习、互相发掘彼此积极品质的伙伴。在这种模式下，教师不仅要培养自身的积极品质，还要在教授知识时采用平等的措辞，让学生感受到教师的亲近和平等。这种教学方式能够更好地促进心理健康教育课程的教授，使学生更快地接受并理解知识。同时，教师的积极示范能够激励学生发掘自身的美好品质，更加积极地面对生活中的困难和挑战。

第五节 创建积极的大学校园环境

一、创建文明的校园文化环境

校园环境深刻影响大学生的心理健康，优美的环境和多彩的文化活动有助于他们心情舒畅、精神焕发、态度积极、生活充实。因此，积极校园文化环境的构建对大学生的健康成长至关重要。近年来，我国高校开始高度重视校园文化建设，将其置于重要地位。

（一）建设良好的校园文化环境

校园文化环境，作为校园环境的"软件"核心，显著体现在校风、学风与班风之中。这些风气与学校的历史、传统和特色紧密相连，构成了一股无形的力量，为学生的健康成长提供了精神支撑和心理保障。其中，班风对大学生的心理健康影响尤为直接和具体。在积极向上、团结协作、宽松友好的班风中，学生能够感受到心情的舒畅与力量的获得；反之，则会产生孤独、寂寞、离群、紧张和压抑的情绪，进而影响学习和其他活动。因此，大学生应积极自觉地维护和发扬学校的优良学风、传统校风以及和谐班风，为营造更加积极健康的校园文化环境贡献自己的力量。

（二）建设优美的校园自然环境

校园自然环境即校园"硬件"，涵盖学习、生活与活动场所，如教室、实验室、图书馆、寝室、食堂及绿化。优美整洁的环境催人奋进，充满活力，能愉悦身心，缓解疲劳与焦虑；反之，杂乱环境则易引发不快与厌恶，导致情绪低落，影响学习与生活乐趣，降低效率。

（三）开展丰富多彩的校园文化活动

校园文化活动丰富多彩，为大学生的健康发展提供了宝贵机会。这些活动涵盖学术、文艺、体育及节日庆祝等，不仅有助于大学生发挥多元才能，还能丰富其精神世界，促进其身心全面发展。课余参与活动，使生活更加有趣，情操得以陶冶，能力得到锻炼，心理紧张得以缓解。此举不仅能提升大学生的脑力、体力活动效率，还能改善其适应能力，促进其心理健康。因此，大学生应积极参与校园文化活动，拓宽社交圈，获得更多社会支持，丰富并健康地发展自己的精神世界，从而减轻心理压力与危机感。

（四）完善积极的校园环境

积极的大学生心理健康教育强调师生间的共同成长。心理健康教育工作者需运用积极心理学理论提升自我，培养积极思维，成为乐观快乐的榜样。他们应鼓励学生持有积极态度，相信自己能够应对挑战，通过理解、激发学生的积极品质，为学生创造轻松愉快的学习环境，使学生在平等中茁壮成长。

高校可构建"五级联动"模式，以校医院、心理健康教育与咨询中心、社区辅导站、学生咨询员及信息员为核心，实现快速响应与预防。同时，利用互联网技术，打造大学生心理互助网络平台，鼓励学生咨询、交流，丰富互助活动，营造积极心理健康教育氛围。此平台不仅有助于提升学生心理健康，也增强了学生的幸福感与积极情绪体验。

二、通过校园环境对学生的心理状态进行调节和暗示

学生的心理状况与其所处的整体环境紧密相连，因此，学校和教师应着力营造有利于心理健康发展的教学环境，以此激发学生积极向上的生活态度。同时，学生的环境适应能力是其心理调节能力的重要体现。对于新生，学校应特别关注，通过引导与帮助，让他们快速适应新环境，形成积极的学习和生活态度，为未来的成长奠定坚实基础。在高校环境中，集体主义文化对学生的心理状态产生重要影响。有些学生能在集体活动中找到自我价值和归属感，从而保持积极心态；而另一些学生则对集体活动产生抵触，感到不适，进而影响其学习和生活状态。因此，学校和教师应精心策划集体活动，确保每名学生都能在其中找到适合自己的位置，保持积极向上的心态。

为提升大学环境对学生心理的积极影响，学校和教师可从多个维度入手。首先，营造积极向上的校园文化，引导学生正视自身，学会控制和管理情绪。其

次，促进学生与校园、社会、家庭等多元环境的紧密联系，帮助他们在不同环境中灵活调整心态，有效缓解学习压力和焦虑，提升积极情感体验和自我控制能力。

综上所述，积极心理学作为心理学的新兴领域，其核心理念体现了对人性与博爱的深刻理解，与人类社会发展目标的高度契合。我们坚信，在积极心理学指导下开展的大学生心理健康教育，将显著提升大学生的心理健康水平，助力他们过上更加充实和有意义的大学生活。

第七章　生命教育视角下大学生心理健康教育策略

第一节　生命教育视角下大学生心理健康教育反思

一、以课堂讲授为主的教学方法导致教学中生命意义的缺失

课堂讲授作为传统且主要的课堂教学方式，通常遵循严格的教学要求和系统的教学大纲，教师根据这些标准和学生现有的知识体系制订教学目标，并通过细致讲解和分析将知识传递给学生。

然而，这种传统的课堂讲授方法往往将教学过程简化为知识的传递，即将原本丰富、复杂、多变的课堂教学过程简化为一种特定的认知活动。在这种教学模式下，知识占据绝对的主导地位，教师往往扮演知识讲解者和灌输者的角色，而学生则变成知识的被动接受者和被灌输的对象。学生容易成为教师灌输知识的"存储器"，而教师和学生都仿佛被知识所束缚，使课堂缺乏生命的活力和互动。这种教学方式忽视了师生在教学过程中可能产生的多种需求和潜能，导致一些负面效应产生。对于教师而言，长期采用这种单一的教学方式会使他们产生厌倦感，失去教学热情和动力。对于学生来说，被动接受知识的方式会引发他们的厌学情绪，降低其学习的主动性和积极性。知识性课堂讲授法的局限性在于其生命意义的缺失，这主要表现在以下两个方面。

（一）课堂讲授法阻碍了学生对生命的体验

学生的学习是通过个人体悟在其内部生成与发展的，而非仅仅依赖教师传授与学生接受的简单结合。学生真正理解和掌握知识，不仅依赖教师传授的内容，更重要的是他们自身的情感和体悟。这意味着学生需要通过亲身经历、实践、思考和反思来获取知识，而不是被动地接受灌输。采用传统的课堂讲授法作为主要的教学方式，有时会让教师过分关注理论知识的共通性而忽视了学生的个体特征

和主观价值。这种客观化的知识教学方式会导致知识的生命养分流失，使学生这一鲜活的生命个体在课堂上变成消极的"存储器"，失去了他们原本独特而绚丽的生命色彩。更进一步地，教师若过分注重纯客观化知识的课堂教学，则无法体现出科学知识背后所隐含的丰富情感，从而埋没了知识的非言语特征，并忽视了学生对知识的精神因素体验。事实上，很多知识是与学生的个体生命紧密相连的，它们融入了学生的情感体验和理解，无法用单一的、逻辑性的共通性知识来完全表达。

在传统的课堂讲授法中，学生的学习体验往往被忽视。教师通常扮演传授者的角色，将标准化、统一化的知识灌输给学生，仿佛学生只是知识的"接收器"。在这种模式下，学生只能被动地接受知识，师生之间的交流与互动空间变得狭窄，学生也因此失去了对知识的独特体验机会。然而，教学活动并非仅仅是师生之间的知识单向传递。学生需要通过亲身体验，才能真正理解和掌握知识背后的深层含义。学生只有通过深入体验，理解知识的真正意义，才能从中获取让他们终身受益的内容，比如情感的培养、态度的形成和人格的塑造。

（二）课堂讲授法忽视了学生的主体性

课堂讲授法源自教师中心论，强调教师为知识权威，教学侧重于教师系统地传授知识，而非引导学生主动学习。这种方法关注教师的"教程"而非学生的"学程"，特点是教师主导课堂，课程高度预设和计划，旨在完成既定任务和目标，以知识为核心。这种教学方式完全忽视了学生的主体地位和主动性。

教师过度依赖课堂讲授法进行教学，会限制学生主体性的发挥。在我国，受师道尊严的文化传统和教师中心论影响，教师在课堂中常以权威和控制者的角色出现，而学生则往往处于被动配合的地位，缺乏足够的自主参与机会。研究指出，当前大学课堂中的交流多为教师主导的单向交流。这种单向的师生交往使学生处于被动接受或应付的状态，容易形成对教师讲解的依赖心理，误以为教师讲解得越深入，自己学得越好。然而，这种依赖性严重削弱了学生学习的主动性和创新性，忽视了学生个体主动性和创新力的培养。

二、以教师为中心的师生关系导致学生缺位

在课堂教学中，师生角色定位正确与否，决定生命自由成长的可能。在心理健康教育课程中，过度强调知识讲授，易使教师成为控制者，学生则被动缺位，师生情感疏离，难以激发生命潜能。

（一）以教师为中心的师生关系导致师生之间情感疏离

课堂本应是一片绿洲，是教师与学生共同交流、互动、展示生命力的场所。

然而，在当前的心理健康教育课堂中，却出现了一种令人担忧的现象，即教师们为了追求教学的高效率，往往不自觉地忽视了学生在课堂上的主体地位，成为孤独的"独白者"，而学生则在被动接受知识的过程中，体验着内心的失落。心理健康教育课堂逐渐演变成教师的主场，学生仿佛成了旁观者，他们的情感体验被束缚，生活世界被遗忘在课堂的角落。在这种教学模式下，教师和学生都沦为了客观性知识的奴隶，教学过程失去了应有的生命意义，课堂不再是师生精神自由翱翔的殿堂。教师的孤独与学生的灵魂失落加剧了师生之间的情感疏离，课堂上充满了疏远与偏见。在心理健康教育的课堂上，每个学生都带着自己独特的"成长烦恼"而来，期待找到解答和慰藉。然而，他们最终收获的只是普遍、刻板的客观性知识，而非针对个人问题的深入交流与探讨。教师未能深入学生的内心世界，了解他们的真实感受和需求，只是机械地传授知识，缺乏情感上的交流与共鸣。学生对此感到失望和不满，他们觉得教师无法真正理解他们的内心需要，只是停留在书本知识的讲解上。这种缺乏同理心的教育方式让学生质疑教师的专业能力和教学水平。师生之间在情感上的疏离和隔离，成为阻碍心理健康教育课堂健康发展的最大障碍。

（二）以教师为中心的师生关系不能激发学生的生命潜能

在心理健康教育课程教学中，大班教学和过度依赖课堂讲授的教学方法导致一种以教师为中心的教学模式，学生因此缺乏自主选择和表达的机会，处于被动的学习状态。在这种模式下，学生往往被视为教学活动的客体，其内在潜能无法得到充分的挖掘和发挥。大班教学的局限性使教师难以为每个学生创设一个合适的问题情境，学生的主体地位和学习潜能因此被忽视。在这样的教学环境中，学生的自主性发展和生命潜能的开发受到限制，他们难以充分发挥自己的主动性和创造性。同时，师生之间缺乏有效的互动和沟通，使双方难以分享彼此的思考和体验。这不仅阻碍了学生的生命发展，也限制了他们自主地建构自我情感和价值体系的过程。在这种模式下，教师往往成为学生发展的阻碍者，而非促进者。这种角色定位方式进一步加深了学生的依赖性和服从性，使教学过程变得被动和依赖。学生无法主动地建构生命的意义和发掘生命的潜能，这对于他们个人的成长和发展是极为不利的。

三、教师教学胜任能力不足导致双方对话无法深入

在心理健康教育课堂教学中，过度强调知识的灌输和对课堂秩序的管制，往往忽视了师生间良性互动和积极参与的重要性。对于那些课堂教学胜任能力尚显不足的教师而言，他们更容易排斥真正的对话，因为对话不仅需要教学技巧，更是一种教学艺术。对话是一个双方自我暴露的过程，在这个过程中，教师的专业

素养将无所遁形。然而，当前心理健康教育课程的师资队伍普遍面临教学胜任能力不足的问题，其专业知识和专业素养的缺乏，使他们难以引导师生间的深入交往与对话。由于缺乏对话的技巧和能力，这些教师只能停留在表面，无法深入探索学生的内心世界，更无法在课堂教学中有效实施和推广对话。

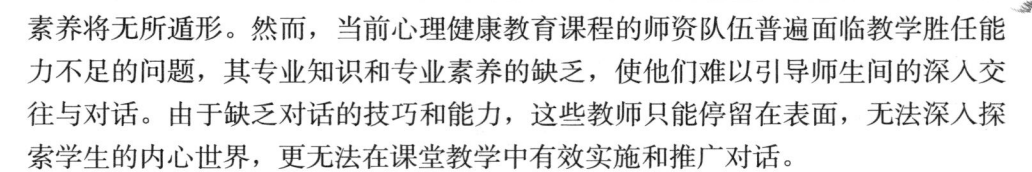

第二节　生命教育视角下大学生心理健康教育改进措施

一、树立关怀生命的价值取向

心理健康教育的核心目标是促进人的生命发展，而诸如预防学生自杀、维护学校稳定、辅助德育智育等，均属于其工具性价值。为了充分实现心理健康教育的本体价值，高校心理健康教育课程应确立以关怀生命为导向的价值取向，将生命作为教育的出发点和归宿。在这一过程中，我们需要尊重生命的多样性，引导学生领悟生命的意义，鼓励他们追求更加美好和幸福的生活，进而实现生命的价值。然而，当前高校心理健康教育课程存在覆盖不全、忽视学生生命需求等问题。大班教学模式往往难以充分展现学生生命的个性，抑制了大学生个体生命的活力。为了改变这一现状，高校需采取切实有效的措施。首先，高校应普及心理健康教育必修课程，确保课程覆盖全校学生，让每个学生都能接受心理健康教育的熏陶。其次，高校应推广小班教学模式，以更好地关注每个学生的生命需求，张扬其生命的个性。再次，建立一支以心理健康教育专职教师为主的专业师资队伍至关重要，他们能够提供更加专业、深入的关怀和指导。最后，明确专职教师的角色定位同样重要，他们不仅是知识的传授者，更是学生心灵的导师和生命的守护者。通过关怀教师的生命，高校可以激励他们更好地履行职责，为学生提供更加优质的心理健康教育服务。

（一）普及必修课程，覆盖所有学生

心理健康教育课堂教学至关重要，当前高校首要任务是普及心理健康教育必修课程，确保覆盖全校学生。自2011年国家要求开设此类课程以来，普及情况仍不乐观。部分高校尚未开设，即使开设的高校也存在学时不足的问题。

为了显著改善高校心理健康教育课程的普及状况，国家和政府需提升对心理健康教育在高校中重要性的认识，强化对其的督导和监管机制。这不仅包括制定和发布相关政策，还需建立定期的检查和评估制度，以确保高校切实履行心理健康教育必修课程的开设义务，并保障其教学质量。目前，已有部分省市在心理健康教育领域采取了积极措施。各地政策和文件的出台，极大地促进了政府对于高校心理健康教育必修课程开设的监督和指导。然而，当前我国仍有部分省市尚未施行针对高校心理健康教育必修课程的评估和督导指标体系。为了全面普及这一课程，全国各省市不仅应出台相关政策，还需制定完善的评估体系以加强督导检查。这一评估体系需涵盖课程教学指标体系的全面评估，通过定期考核与评估，促进心理健康教育课程的持续发展。此外，各省市应给予高校心理健康教育政策上的倾斜和资金上的扶持，从而激励高校积极开设心理健康教育必修课程，确保每位学生都能接受高质量的心理健康教育。

另外，我们需要深化高校领导或管理决策层对心理健康教育课程教学重要性的认知。当前，全国各省市高校在心理健康教育课程的推进上表现各异，这种差异在很大程度上源于政府和高校领导或管理决策层对心理健康教育的认知差异。他们对此类课程的重视程度，直接决定了这些课程能否得到深入实施和有效执行。以湖南省为例，该省政府对心理健康教育必修课程的建设给予高度关注，不仅出台了系列政策和文件，还通过严格的检查和督导，确保全省高校均开设心理健康教育必修课程，从而实现了高普及率。然而，在其他部分省市，尽管也有相关政策出台，但课程的普及程度却不尽如人意。因此，为了推动高校心理健康教育必修课程科学、系统地发展，我们必须转变政府和高校领导或管理决策层的教育理念。他们需要从人才培养的全局出发，深刻认识到开设大学生心理健康教育必修课程的重要性。这门课程不仅是大学生心理健康教育的核心途径，还是整个教学体系的关键一环。我们需要将其纳入全校的人才培养体系，制定全新的人才培养方案，确保每位学生都能接受心理健康教育的熏陶。

（二）实施小班教学，关怀个体生命

除了普及心理健康教育必修课程以覆盖所有大学生，高校还应当积极推进小班教学模式，以深化对个体学生的生命关怀。目前，高校心理健康教育课程普遍采用大班教学，班级规模在100～250人，这种教学方式往往效果不佳。经过专职教师的实践探索，我们发现小班教学在心理健康教育课程中具有显著优势。

严格来说，50人的班级规模并不完全符合小班教学的定义。在国际上，如美国、英国、德国、加拿大等国，小班教学的标准通常是25人左右。小班教学的一个核心特点是班级规模相对较小，有利于教师更好地关注每位学生的个性和心理状态。当前我国高校行政班级规模虽然大约为30人，但在实际教学中常采用合班教学方式，如将两个或更多班级合并教学，导致实际课堂人数达到60人、90人、120人甚至更多。然而，相对于100～200人的大班课堂，50～60人的班级可以被视为规模较小的小班教学。这种小班教学模式使教师能够更直接地关注学生的个体差异，促进师生间的深度互动与体验，从而更有效地实施心理健康教育。

（三）建设一支以专职教师为主的师资队伍，实现对学生生命的深度关怀

当前，高校心理健康教育课程面临师资短缺和复杂性、多元化等多重挑战，这无疑给课程的普及与发展带来了重重困难。由于专职和兼职教师资源不足，许多高校不得不采用大班教学模式，且主要依赖理论讲授，导致学生实际操作、实际练习和心理体验的机会严重不足。这种教学模式难以顾及学生的个体差异，从而影响了课程的整体教学效果。更关键的是，当前心理健康教育课程师资队伍的结构以兼职教师为主、专职教师为辅，这在一定程度上削弱了心理健康教育的专业性和系统性。兼职教师在心理健康教育方面的胜任能力普遍不足，且缺乏系统的培训与支持。为了实现对学生生命的深度关怀，高校必须着力改善这一状况。对此，高校的首要任务是提升心理健康教育专职教师的师生比，增加专职教师的编制，构建一支以专职教师为核心、兼职教师为补充的心理健康教育师资队伍。全国各高校应积极响应教育部和政府的相关政策，按照师生比不低于 1 : 4000 的标准配备专职心理健康教育教师，并鼓励有条件的高校进一步提高这一比例。同时，高校应逐步缩小班级规模，推行真正的小班教学，以确保每位学生都能得到充分的关注与指导。此外，加强心理健康教育专职教师的课堂教学能力培训至关重要，使教师能够遵循教育规律，灵活运用教学方法，增强学生的心理体验。通过这样的方式，我们期望学生能够在课堂上深入思考人生的意义和价值，获得更深刻的心灵触动和成长。

此外，为确保师资队伍的稳定，高校应着力培养学术与实践兼备的专职教师，持续优化师资结构。既要鼓励专兼职教师参与心理健康教育科研，提升理论素养，实现实践经验的理论化，规范课程教学；又要鼓励他们深入学生心理咨询与日常管理，积累实践经验，洞察学生心理发展规律，设计精准教学内容，以满足学生成长需求，提升心理健康教育效果。

（四）明确专职教师的角色定位，关怀教师的生命

为了深化心理健康教育的发展，并强化其专业属性，高校必须明确心理健康教育专职教师的角色定位，以增强他们的职业归属感。当前，一些心理健康教育专职教师被置于行政岗位，频繁被其他部门"借调"，执行与心理健康教育无关的任务，这无疑削弱了他们的工作热情，形成了"为他人忙碌，自身职责被忽视"的尴尬局面。

心理健康教育专职教师的核心职责应当涵盖六个关键领域：第一，提供个体心理咨询和团体心理辅导，这是他们工作的基石。专职教师需要为面临心理困扰的学生提供专业帮助，引导他们走出困境。第二，承担课程教学任务。作为心理健康教育的主要传播途径，专职教师应不断更新课程内容，创新教学方法，提高

教学质量，实现教育目标。第三，指导和策划课外活动，通过如"心理文化节"等活动，增强心理健康教育的实践性和吸引力。专职教师应发挥专业优势，确保活动的有效实施。第四，进行心理危机干预，及时对有心理危机的学生进行干预，定期跟踪和回访，确保校园安全稳定。第五，开展科学研究，深入探索心理健康教育和学生心理发展的规律，为实践提供科学依据。第六，处理心理咨询中心的日常事务，如宣传、咨询安排、预约工作等，确保中心运转顺畅，同时包括新生入学心理普查等重要工作。

在清晰界定心理健康教育专职教师的工作职责之后，高校还需要进一步强调并明确他们的教师身份。当前，部分高校将专职教师纳入行政编制，这在很大程度上制约了其专业化发展。为了确立专职教师的身份，高校可以采取以下措施：首先，学校人事部门应将心理健康教育专职教师明确设置为教师岗位，并采用教师考核体系，避免行政考核或行政与教师的双重考核。这有助于专职教师专注教学和研究工作，提升专业素养。其次，心理健康教育专职教师应享有与教师系列相应的职称评定权利。例如，可以将他们纳入思想政治教育教师系列进行职称评定，为他们的职业发展开辟通道，激励他们不断提升自身的教学和研究能力。再次，高校应将心理健康教育专职教师纳入教师系列人才培养计划，并由人事部门统筹经费，加强对他们的长期培养和培训。这不仅有助于提升专职教师的专业素养，还能增强他们的职业竞争力。最后，根据心理健康教育工作的特殊性和需求，高校应配备适当比例的专职教师队伍。这有助于确保心理健康教育的质量和效果，同时也能为专职教师提供更好的职业发展环境。通过上述措施，高校不仅能够稳定心理健康教育专职教师队伍，降低流失率，还能帮助他们做好个人职业规划，明确专业归属性。这将有效缓解他们的工作压力，突破职业发展瓶颈，激发他们的工作热情和生命活力，实现个人价值和社会价值的双重提升。

二、心理健康教育课程要综合其适应性目标和发展性目标构建教学内容

当前，高校心理健康教育课程的设计主要围绕预防和适应两大目标来构建教学内容。其中，适应被视为心理健康教育课程的基础目标，旨在帮助大学生积极应对并融入大学学习、生活、人际交往以及身心变化等多元环境。这种适应性的心理健康教育不可或缺，它确保学生能够展现出与学习环境、生活环境、人际交往环境变化相适应的心理和行为。然而，我们必须认识到，心理健康教育并不仅限于适应性教育。虽然适应是重要的一环，但它并非心理健康教育的终极目标。实际上，心理健康教育的真正目标在于促进学生生命的主动发展，实现个人潜能的充分挖掘和自我价值的全面展现。发展性目标与适应性目标并非相互排斥，相

反，发展性目标的实现是以适应性目标的实现为前提和基础的。从皮亚杰到弗洛伊德，再到马斯洛和罗杰斯，这些心理学家的理论都强调了适应对于个体智慧、人格、自我发展及实现的重要作用。适应的本质在于生命主体通过同化和顺应两种方式，不断与环境取得平衡，并在这一过程中实现个体的成长和进步。因此，高校心理健康教育课程在构建教学内容时，应当合理结合适应性目标和发展性目标。既要确保学生具备良好的适应能力，以应对生活中的各种挑战和变化，又要注重激发学生的生命活力，引导他们主动追求自我发展，实现个人潜能的充分挖掘和自我价值的全面展现。

（一）心理健康教育课程要以适应性目标为基础构建教学内容

适应是每个生命个体必须面对的挑战，尤其对于处于成年早期的大学生来说，心理适应与其成长阶段的心理特点紧密相连。奇克林经过四年的深入研究，提出了大学生心理发展的七个关键方面。这些方面不仅涵盖了大学生在大学生活中可能遇到的各种成长难题和能力提升，也是适应性心理教育的主要内容。具体而言，这些关键方面包括：第一，发展能力，这涉及智力、体育、手工和人际交往等多个方面，其中智力尤为重要，它涵盖了信息获取、思维、表达等能力；第二，情绪与情感的管理能力，这对于维持心理健康至关重要；第三，适应与自我管理能力，这是大学生独立生活的基石；第四，建立成熟的人际关系，特别是恋爱与性的话题；第五，自我意识的深化和人格的完善；第六，生涯规划，它关系大学生未来的职业选择和人生方向；第七，信仰和价值观的探索，这是大学生精神世界的核心。基于以上内容，适应性心理健康教育课程应当涵盖九大主题：大学适应与自我管理、情绪管理、学习能力、人际交往、恋爱与性、自我意识与人格、生涯规划、价值观探索和生命教育。值得欣慰的是，当前高校心理健康教育课程已经基本覆盖了这些核心内容，为大学生的全面发展提供了有力的支持。

（二）心理健康教育课程要以发展性目标为核心构建教学内容

马斯洛曾深刻指出：人的发展是永无止境的，持续的发展本身就是充满益处和乐趣的。发展性心理健康教育正是基于这一理念，专注于帮助个体实现全面的、持续的发展。对于大学生而言，发展性心理健康教育不仅关注其在校期间的成长，更着眼于他们一生的全面发展，旨在为他们的终身发展奠定坚实的基础。长久以来，心理健康教育的目标多被局限在预防和治疗心理问题上。然而，随着积极心理学的兴起，这一观念正在发生转变。积极心理学强调教育目标应回归"促发展"的积极取向，注重拓展心理健康教育的积极内容。它主张通过培养个体的积极品质，使生命变得更加有价值和有意义。积极心理学家斯蒂格认为，生命的意义并非外在赋予，而是个体在积极寻找和创造的过程中获得的。只有当我们积极地关注自我成长，才能体验到真正的快乐和满足，从而拥有有意义的人生。因此，在积极心理学的视角下，开展心理健康教育课程教学的核心目标就是培养具有积极生活方式、充满生命活力的健康大学生。

因此，高校心理健康教育课程应在原有的适应性教学内容基础上，融合积极的、发展性的教学内容，以全面促进大学生的心理健康与全面发展。以下是主要教学内容：

（1）心理健康与幸福人生。帮助学生树立正确的心理健康观念，深入了解幸福感的内涵，体验并提升主观幸福感，认识到心理健康是收获幸福生活的基石，教授学生追求幸福的各种方法。

（2）积极的情绪与情感体验。使学生了解积极情绪和情感的特点及发展规律，通过课堂活动和体验式教学，帮助学生经历积极的情绪体验，提升享乐能力，增进沉浸体验。

（3）积极的思维模式。引导学生了解乐观的原理及乐观主义的内涵，培养学生的乐观思维和态度，教授他们运用乐观的方法面对生活挑战。

（4）良好性格的塑造。使学生掌握人类的六大良好性格力量和24个性格力量因子，培养自我效能感，构建积极的人格特质，学会运用标志性的人格力量。

（5）生命价值的探索。帮助学生理解价值的内涵和分类，建立符合个人价值取向的生涯规划，引导学生探索生命的价值和意义，为实现美好生活奠定基础。

（6）专业兴趣的深度发展。激发学生对某个专业的深层次智力和情感投入，鼓励他们成为某一领域的专家，提升专业素养和职业发展潜力。

（7）积极人际关系的构建。使学生了解积极的人际关系类型以及影响良好人际关系的因素，教授他们建立积极人际关系的技巧，提升社交能力和人际吸引力。

（8）爱情与婚姻的积极观。使学生了解爱情的种类，学习保持健康恋人关系和婚姻关系的策略，建立积极的爱情观和婚姻观。

以上八项内容可归纳为四个方面：促进积极认知发展、促进积极人格发展、促进积极体验感受、促进积极关系建构。

三、对话的师生关系：共历生命成长

目前，高校心理健康教育课程的教学模式普遍侧重传统的课堂讲授，且多以大班形式进行，这种以教师为主导的教学方式往往导致学生参与度不足，缺乏深刻的生命体验。为了更加关注学生的生命成长和体验，高校心理健康教育课程需要转变教学理念。教师角色需要由单纯的知识传递者转变为生命成长的引导者，而学生则需要从被动的知识接受者转变为积极的生命体验者。通过这一转变，我们期望建立一种更加互动和开放的师生关系，让师生在课程教学中共同探索、共

同成长，实现生命教育的真正价值。

（一）教师要从知识的传授者转变成生命的促进者

在传统知识本位的教师观念下，教师的课堂教学受到严重束缚。在备课过程中，尽管涵盖了教材、学生和教法，但学生被边缘化，教学的主要目标被简化为书本知识的灌输。尤其在心理健康教育课程的大班教学中，许多教师在备课阶段对学生的身心健康状况缺乏深入了解，这无疑削弱了教育的针对性和实效性。面对这一现状，我们需要回到教育的本质来审视。心理健康教育课程的教学对象并非课本或知识本身，而是每一个真实存在的大学生个体。知识的传递只是这一课程的一个工具性目标，其真正的价值在于促进大学生生命的全面发展。因此，我们不应将心理健康知识的传授视为教学的终极目的，而应将发展生命、成全生命、完善生命作为高校追求的根本目标。心理健康教育课程的教师，不应只是知识的传递者，而应是学生生命成长的促进者和缔造者。教师的职责不仅是传授心理学知识，更在于通过教学激发学生的内在潜力，帮助他们创造和生成新的精神生命。教师不是知识的"搬运工"，也不是学生生命发展的辅助工具，而是与学生共同探索、共同成长的生命创造者。通过心理健康教育课程的教学，我们期望不仅能够帮助大学生保持身心健康，养成积极的生活方式，享受生命的美好，同时也希望教师能够在教学过程中实现自我生命的价值，使教学成为双方生命意义的展现和升华。

（二）学生要从知识的接受者转变成生命的体验者

当学生仅被视作知识的"存储器"时，他们的生命成长无疑将受到极大限制。然而，当教师角色转变，成为生命的促进者时，学生的角色也相应改变，他们不再是知识的被动接受者，而是生命的主动体验者和积极的践行者。在心理健康教育课程中，当教师运用教育智慧为学生营造一个充满安全感和情感呵护的学习环境，及时捕捉学生的困惑和疑虑时，学生便会产生强烈的欲望去自由表达、倾诉和展现自我。他们渴望表达、渴望倾听、渴望观察、渴望行动，通过大胆的想象、活跃的思维和丰富的体验来深入理解生命的意义。在这个过程中，学生的生活世界与书本知识逐渐融为一体，形成独特的生命视角。通过与教师的生命相遇，学生得以共享知识和智慧，这不仅提高了他们自我生命的质量，更让他们找到了自身存在的意义。学生的认知过程不再是孤立的知识积累，而是与生命体验紧密相连，只有在体验中，他们才能真正领悟生命的真谛。在体验中，学生获得了知识，更重要的是，他们将这些知识内化为自己的价值观、态度和信念。当知识融入学生的个体经验，转化为他们的生活智慧时，他们的生命便得到了真正的充实和丰富。这种亲身经历和深刻体悟使学习和知识不再是外在的附加物，而是深深地植根于他们的生命之中。

（三）教师和学生在对话中共历生命成长

雅斯贝尔斯深刻地阐述了教育的本质，他认为教育不仅是知识的传递，更是人与人之间精神层面的深入交流，是生命间真挚的对话。在这种教育观下，教师作为生命的促进者，学生作为生命的体验者，他们在教学过程中建立了一种平等而富有深度的对话关系。戴维·伯姆的观点则进一步强调了对话的重要性，他认为对话能够促进人们之间形成共同的理解和认识，即某种共享的意义。在课堂上，教师和学生以知识和活动为媒介，通过协商、参与、合作和对话，共同经历生命的成长，并在这一过程中创造出属于师生之间的独特意义。叶澜则从生命经历的视角出发，指出课堂教学是师生人生中的重要组成部分，是他们生命中有意义的经历。在这段特殊的生命历程中，师生共同创造了一种精神能量，这种能量不仅促进了彼此之间的理解和认同，更实现了生命能量的流动与互换。参与这段生命历程的师生将共同分享师生群体的全部意义，进而实现各自生命的成长与提升。

第三节　生命教育视角下大学生心理健康教育其他实践路径

一、贯彻心理健康教育目标

（一）树立重视生命健康发展的教育理念

研究发现，部分大学生对生命的意义产生了越发模糊和现实的认知。具体表现为，这些学生在生活中缺乏明确的目标，面对挫折时容易陷入心理冲突。当深入探究这背后的原因时，我们发现教育在其中扮演了关键角色。教育的不当是导致部分学生人生理想模糊、抗挫能力薄弱的重要原因。良好的教育应当启发大学生主动观察、聆听，而非被动接受知识。真正的教育应以学生的生命为核心，引导他们主动关心并思考自己的生命价值。如果教育未能从生命出发，那么学生即使拥有了再多的技能和证书，也不能算作是真正成功的教育。因此，高校的心理健康教育工作必须转变教育理念，从大学生的生命主体出发，注重其生命的长远发展。心理健康不仅指身体健康，还包括心理状态的健康、生活态度的积极以及人与所处环境之间的和谐。所以，在心理健康教育工作中，高校不能仅局限于解决学生眼前的心理问题，更要从他们的心理状态、生活态度、生活环境等多个维度出发，与家庭、社会共同努力，为他们营造一个良好的成长环境。高校应该鼓励大学生在面对生活挑战时，思考自己的生命价值，提升他们的价值判断力和思考能力，引导他们深入思考自己的人生理想，并合理安排生活。这样，高校的心理健康教育工作才能真正成为促进学生生命发展的教育工作。

（二）塑造具有生命力的教师队伍

高校心理健康教育工作是一项系统工程，需全员努力。每位教师都对学生生命成长产生重要影响，故需塑造具有生命力的教师队伍。学校领导应树立服务意识，不仅提供学习条件，还要组织师生参与体验自然、感悟生命的活动，如登山健身，强化生命意识。同时，应创造渠道让学生参与学校管理，提升其责任感，理解学校工作意图和个人读书价值，积极规划大学生活。任课教师除传授知识外，更应关怀学生生命。

（三）构建生命在场的课堂教学

生命课堂教学理念强调以学生生命为核心，关注生活世界，赋予学生自由学习、精神富足和自主探究的权利。这一过程中，学生得以实现情感体验的深化、人格的升华和个性的张扬，从而焕发出生命的活力，提升生命价值。生命教育关键在于师生的真实参与和深入互动，它促进了师生的共同成长，使学生在学习中体验生命，教师在教育中焕发职业生命的活力。

二、丰富心理健康教育内容

（一）开设关注学生生命发展的心理健康课程

高校心理健康课程除传授专业知识外，还应聚焦学生生命的长远发展。高校应在相关理论的指引下，融入生命教育，从认知、情感、意志和行动四方面指导学生，助其深刻认识生命，探寻生命的意义。

（二）开展促进学生生命健康发展的心理咨询工作

高校的心理咨询工作不仅在心理危机的预防、排查和干预上取得显著成效，成功帮助学生调整至正常状态，并精准鉴别出需转诊的重症患者，但同样重要的是，这项工作也应深入关注广大学生生命的长远发展，为他们的健康成长提供全方位支持。

1. 帮助学生把心理咨询当作实现生命成长的机会

大学生对心理咨询工作的认知和评价，无疑是其心理健康水平的一个侧面反映。通过访谈我们了解到，大学生主要通过教师宣传、心理普查活动及心理健康类活动了解心理咨询的途径。然而，也有部分学生对其过程和地点知之甚少，这揭示了学校在心理咨询宣传工作上的不足。为了提升大学生对心理咨询的认识度和接受度，学校教师及相关负责人员在进行宣传时，不仅应扩大宣传广度，更要注重宣传深度。高校需要让大学生全面了解心理咨询的过程、地点及其对个人成长的重要性，鼓励他们将心理咨询视为一个宝贵的成长机会，积极寻求帮助，共同促进心理健康。

2. 通过学业支持对学生进行生命关怀

高校的心理咨询工作应积极主动，提前预见并关怀学生可能出现的生命问题。当前，学习问题是大学生心理困扰的主要来源之一，如学习动机不足、成绩不佳导致的成就感缺失等。虽然学校心理咨询室教师具备丰富的心理学知识和实践经验，但力量有限，因此应加大对其他任课教师生命意识的培养和对学生学业的支持力度。建议通过"工作坊"等形式，为任课教师提供技术支持，培训他们处理学生学习动机不足、课堂分心等常见问题的技能。同时，鼓励将生命教育的理念融入其他课程中，培养专业教师的生命教育意识，使他们在传授知识的同时，也能关注学生的生命成长和发展。

（三）推行贴近学生生活的生命教育宣传工作

在高校心理健康教育的推广中，学生的宣传教育工作至关重要，有效的宣传能够显著提升学生的重视程度。然而，目前高校在这方面的努力效果并不如预期。因此，高校需要调整策略，不再仅仅强调其重要性，而是要将宣传内容与学生日常生活紧密结合，通过生活化的课程和生命教育公开课等新颖形式，激发学生对自己生命价值的深度思考和探索。

三、拓展心理健康教育方式

（一）采用注重学生体验的教学方法，引导学生思考生命

在高校心理健康教育领域，学生可以通过学习相关知识识别自身的心理问题，但在解决这些问题时往往感到力不从心。更重要的是，学生已经对传统的说教模式产生了免疫，对于未能从生命本身出发的问题，他们很难再产生浓厚的兴趣。这背后的原因，很大程度上在于学习过程中缺乏让学生真正切身体验的环节，使他们难以在认知和情感上产生共鸣，从而无法对自己的生活进行深入反思。为了使学生真正从心理健康教育中获益，课堂教学必须触及学生的内心，通过思维和情感的交流引发他们内心的体验。然而，当前的大班授课方式往往难以达到培养每个学生良好心理素质的目标。许多高校尝试通过案例分析和游戏体验等方式来增强学生的参与感，但这些活动往往难以让每个学生都深度参与，从而限制了心理健康教育的实际效果。

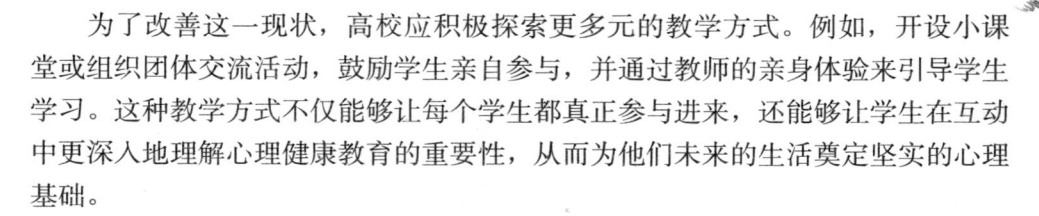

为了改善这一现状，高校应积极探索更多元的教学方式。例如，开设小课堂或组织团体交流活动，鼓励学生亲自参与，并通过教师的亲身体验来引导学生学习。这种教学方式不仅能够让每个学生都真正参与进来，还能够让学生在互动中更深入地理解心理健康教育的重要性，从而为他们未来的生活奠定坚实的心理基础。

（二）不间断的朋辈互助促进学生生命成长

国内部分高校在推动朋辈互助建设上已有初步尝试，如设立"心灵使者""发展委员"和"心理委员"等角色。然而，这些努力在班级层面的影响力尚显不足，许多面临困扰的大学生并不清楚应如何寻求帮助。虽然心理协会作为与心理健康紧密相关的社团组织，但其辅助大学生心理健康教育的功能并未得到充分发挥。班级心理委员所引导的心理类活动也鲜有开展。通过访谈得知，心理协会所举办的活动多数局限于游戏、观影和分发资料等形式，虽然学生参与其中，但这些活动未能触及心理健康教育的核心。由于缺乏专业的指导和策划，活动效果往往不尽如人意，这也限制了朋辈互助的积极影响力。实际上，由于学生群体间年龄相仿、生活环境接近，他们之间的交流更容易产生共鸣，获得彼此的支持和理解。

因此，加强对学生群体的朋辈互助培养，对大学生的成长具有重要意义。心理咨询室的教师应持续指导学校的朋辈互助工作，确保活动不流于形式，而是成为长期有效的支持机制。在选拔朋辈互助员时，应优先考虑具有积极生命观、良好心理素质的心理委员及心理协会成员，并为他们提供专业培训，确保他们具备帮助他人的能力。培训内容应涵盖心理学知识、咨询技能以及生命教育理念，旨在帮助他们不仅在技术层面支持他人，更能通过生命的视角促进自己及他人的生命成长。朋辈互助的形式可以多样化，例如定期举办小组讨论活动，每周聚焦一个与大学生日常生活息息相关的话题进行深入的交流和分享。这种活动能够为大学生的生命发展提供长期稳定的支持，让他们在倾听与诉说的过程中，通过亲身体验加深对生命的领悟和思考，进而促进个人的全面发展。

（三）举办生命教育实践活动，帮助学生增长生命智慧

心理治疗的过程不仅使求助者能够重新触及并领悟生命的意义，更能激发他们为实现这份意义而奋发向前的动力。因此，在心理咨询的实践中，心理咨询室教师不仅要提供咨询服务，更应引导大学生直接投身于各类实践活动中，让他们通过亲身体验来获取生命的智慧，实现真正的成长。在条件允许的情况下，高校可以针对大学生在生活中遭遇的挫折，组织他们前往边远贫困地区担任义工。这样的经历将使大学生们深入体验生活的艰辛，从而在未来面对挑战时更加坚韧不

拔，反思并珍惜大学时光，学会更好地管理自己的生活。此外，在重阳节这样的传统节日，教师可以带领大学生去慰问孤寡老人。通过与老人的互动，大学生能够深刻体会到亲情的珍贵，进而增强对家庭的责任感，学会与家人更加和谐地相处。当社会遭遇自然灾害等不幸事件时，教师应积极组织大学生参与捐助、救灾和献爱心活动。同时，引导他们设想自己遭遇类似不幸时的情景，促使他们深入思考生命的意义，学会在生活中减少自私，增加奉献，从而增强社会责任感，提升处理人际关系的智慧，并在关爱他人的同时拓宽自己的胸怀。这些生命教育实践活动的意义在于，它们真正让大学生参与其中，通过切身体验增长生命智慧，深化对生命和生活的理解。这样的经历将帮助大学生学会爱自己、爱他人、爱社会，并在成长的道路上明确自己存在的价值，找到生活的真正意义。

四、营造心理健康教学环境

（一）发挥学校在生命教育中的主导作用

大学生在进入大学后，往往面临人际支持缺乏和生活目标迷失等挑战，这些挑战与大学生活方式的转变密切相关。相较于高中时期紧密的学习和生活安排，大学生活更宽松和自由，班级成员更多的是在课堂和有限的班级活动中相聚，课后则各自忙碌，导致彼此间的交往机会减少，集体归属感减弱，从而引发情绪困扰等问题。从紧张的高中生活过渡到相对放松的大学环境，一些大学生对如何合理安排生活和学习感到迷茫，难以找到适合自己的节奏，这种内心的矛盾与挣扎往往导致情绪不稳定、学习动机减弱和适应不良等问题。

鉴于学校在大学生心理健康教育中的核心地位，校内各部门应紧密合作，将生命教育融入心理健康教育的全过程。学校心理健康教育的工作理念应从单纯的问题预防与解决，转向关注学生生命的全面和长远发展。全体教职工都应接受生命教育和心理健康教育的培训，深刻理解"人生导师"的责任，不仅在学业上指导学生，更在心灵成长方面给予关怀。此外，学校开设的心理健康教育课程应增加生命教育的内容，通过引导学生思考生命的意义和价值，帮助他们建立正确的人生观和价值观。其他各个学科的教师也应从学生的角度出发，将生命教育融入日常教学中，使学生在学习知识的同时，也能体会到生命的真谛。同时，学校应组织生命教育实践活动，让学生在亲身体验中更深刻地认识自己和他人的生命，从而更好地理解生命的意义和价值。

（二）利用社会资源进行生命教育

社会大环境对大学生的生命健康成长具有不可忽视的导向作用。一个健康积极的社会风气能够在无形中塑造大学生的正确价值观。因此，高校应积极创造条件，加强与社会的合作，充分利用社会资源，对大学生进行心理健康教育和生命教育，以促进他们生命的健康发展。针对当前大学生过于注重知识、分数、技能而轻视心理健康的现象，高校可以积极与企业合作，组织大学生深入企业实践，了解企业对人才的实际需求。通过实践，大学生会认识到，一个人的价值并不完全取决于其学历和各种证书，更重要的是在工作中展现出的综合能力，如业务能力、人际交往能力和自我调适能力等。这种体验将促进大学生更加重视心理健康，关注自我发展。同时，针对高校学生身体素质普遍下降、生活缺乏激情的现象，高校可以与互联网企业合作，开展多样化的健康关爱活动，如长跑等健身活动。这些活动不仅能让大学生感受到身体健康的重要性，还能让他们领略自然的美丽。通过互联网平台的宣传，这些活动还能向社会传递正能量，激励更多人参与健康生活。通过参与这些活动，大学生将更深入地思考生命的意义和价值，感受自己为社会带来的积极影响，从而增强自信心和责任感。

参考文献

[1] 崔正华. 大学生心理健康与素质培养 [M]. 上海：上海交通大学出版社，2013.

[2] 代申. 新媒体时代高校心理健康教育优化策略研究 [J]. 吉林省教育学院学报，2022，38（12）：26–29.

[3] 段立，郑志玲. 数字赋能视域下高校心理健康教育提升策略 [J]. 传播与版权，2023（17）：110–112，116.

[4] 段立. 融媒体视域下高校学生心理健康教育实效提升路径探究 [J]. 新闻研究导刊，2023，14（13）：70–73.

[5] 方颖，游冉，陈琳，等. 新媒体时代高校辅导员心理健康教育工作策略研究 [J]. 新闻研究导刊，2023，14（16）：179–181.

[6] 高婉君. 融媒体在高校心理健康教育中的创新应用研究 [J]. 秦智，2023（5）：136–138.

[7] 韩芳，田飞，丁可，等. 高校心理健康教育课程教学改革与实践探索 [J]. 现代职业教育，2023（23）：141–144.

[8] 韩庆云. 全媒体视域下高校心理健康教育路径创新研究 [J]. 现代职业教育，2023（31）：37–40.

[9] 何秀成，徐波，刘燕. 新时代高校心理健康教育工作模式的构建 [J]. 陇东学院学报，2023，34（3）：108–112.

[10] 侯颖超. 新时期应如何构建高校心理健康教育协同模式 [J]. 黑龙江教师发展学院学报，2022，41（12）：88–90.

[11] 胡春霞. 大学生心理健康教育与素质教育研究 [M]. 北京：北京工业大学出版社，2020.

[12] 胡钦太. 高校心理健康教育协同机制探索 [J]. 中国高等教育，2023（9）：45–48.

[13] 黄小菲，闵晓阳. 社会工作介入高校大学生心理健康教育探析 [J]. 西部素质教育，2023，9（7）：118–121.

[14] 汪峰. 高校辅导员心理健康教育能力研究 [M]. 芜湖：安徽师范大学出版社，2018.

[15] 孔晓楠. 高校心理健康教育课程项目化教学改革探索 [J]. 淮南职业技术学院学报，2023，23（3）：89–91.

[16] 李河沙. 心理健康教育对高校学生行为规范的影响研究 [J]. 中国标准化，2022（22）：215–217.

[17] 李龙，李晨光，陈恒英. 大学生心理健康教育 [M]. 重庆：重庆大学出版社，2018.

[18] 李若彬. "互联网+"时代高校学生心理健康教育的网络途径探讨 [J]. 品位·经典，2023（8）：43–45.

[19] 李焰，朱丽雅，王瑞，等. 育德与育心结合导向下高校心理健康教育的创新发展 [J]. 教育发展研究，2022，42（10）：10–16.

[20] 李媛. 高校大学生心理健康教育优化思考 [J]. 湖北开放职业学院学报，2023，36（11）：40–42.

[21] 刘湘玲，王俊红. 基于大数据技术的高校心理健康教育工作提升路径研究 [J]. 教育观察，2023，12（2）：30–32.

[22] 路璐. 教育数字化对高校心理健康教育动态管理的影响及改进 [J]. 重庆电力高等专科学校学报，2023，28（4）：67–70.

[23] 马建青，田蓟. 高校心理健康教育发展的三大特征 [J]. 思想理论教育，2023（8）：101–106.

[24] 南路华. 健康中国背景下高校心理健康教育的实现路径 [J]. 新乡学院学报，2023，40（8）：73–76.

[25] 彭彪，刘双杨，杨怀双. 高校心理健康教育方式方法改革创新探讨 [J]. 牡丹江教育学院学报，2023（2）：58–61.

[26] 沈飚，杨子瑶，李林霖. 分析积极心理学理念下高校心理健康教育模式的构建 [J]. 黑龙江教师发展学院学报，2023，42（5）：151–153.

[27] 盛书文. 高校心理健康教育改革必要性及途径研究 [J]. 福建轻纺，2023（6）：33–36.

[28] 宋辉. 积极心理学视域下大学生健康教育 [M]. 北京：北京工业大学出版社，2023.

[29] 陶进，马建青，欧阳胜权. 大数据时代高校心理健康教育评价的变革方向和风险规避 [J]. 学校党建与思想教育，2022（9）：72–77.

[30] 陶文芳. 大学生心理健康教育课程改革研究 [M]. 长春：吉林人民出版社，2020.

[31] 田刘凌. 高校心理健康教育与服务体系建设路径探索 [J]. 宁波教育学院学报，2022，24（5）：108–112.

[32] 王思宇. 新时代高校辅导员心理健康教育路径探究 [J]. 教育教学论坛, 2023（20）: 155–158.

[33] 吴迪. "三全育人"视角下高校大学生心理健康教育研究 [J]. 大学, 2023（29）: 185–188.

[34] 肖建卫, 张兆强, 张姿, 等. 积极心理学视域下的高校大学生心理健康教育 [J]. 教育教学论坛, 2022（15）: 177–180.

[35] 肖鹏, 肖文学. 高校"大学生心理健康教育"课堂教学"3+5模式"探析 [J]. 黑龙江教育（理论与实践）, 2023（8）: 50–53.

[36] 谢宇. 高校心理健康教育生态系统模式构建研究 [J]. 黑龙江高教研究, 2023, 41（7）: 128–134.

[37] 谢宗谟. 高校大学生心理健康教育与措施分析 [J]. 现代职业教育, 2022（22）: 172–174.

[38] 徐航. 新形势下高校开展性心理健康教育的意义及途径 [J]. 科学咨询（教育科研）, 2023（7）: 48–50.

[39] 徐迎利. 生命化教育视阈下大学生心理健康教育实践路径探析 [M]. 北京: 北京工业大学出版社, 2019.

[40] 许群, 石晶晶. 辅导员在高校心理健康教育工作中的角色定位 [J]. 现代商贸工业, 2023, 44（17）: 110–112.

[41] 薛春艳. 生命教育视野中的大学生心理健康教育研究 [M]. 武汉: 华中科技大学出版社, 2020.

[42] 薛红霞. 新媒体语境下高校心理健康教育策略探微 [J]. 传媒, 2023（1）: 82–83, 85.

[43] 薛会来, 孙峰岩, 孙怡青. "互联网+"视域下高校学生心理健康教育创新路径调研报告 [J]. 互联网周刊, 2023（20）: 30–33.

[44] 闫华, 李凡. 系统思维下高校心理健康教育协同发展研究 [J]. 梧州学院学报, 2023, 33（1）: 87–92.

[45] 杨惠. 大学生心理健康教育理论与实践 [M]. 武汉: 华中科技大学出版社, 2022.

[46] 杨雯, 何甜甜. 新时代高校心理健康教育服务体系构建 [J]. 现代职业教育, 2023（23）: 73–76.

[47] 俞国良, 陈雨濛. 四十年来我国高校心理健康教育政策分析: 定性与定量的视角 [J]. 复旦教育论坛, 2022, 20（4）: 80–87.

[48] 赵丽. 高校辅导员心理健康教育能力提升途径探析 [J]. 甘肃教育研究, 2023（4）: 42–44.

[49] 钟含笑. 新时代高校心理健康教育的审视及跨学科教育体系建构[J]. 齐齐哈尔师范高等专科学校学报, 2022（5）: 34–36.

[50] 朱佳瑞. 高校大学生心理健康教育现状研究[J]. 品位·经典, 2023（15）: 149–152.